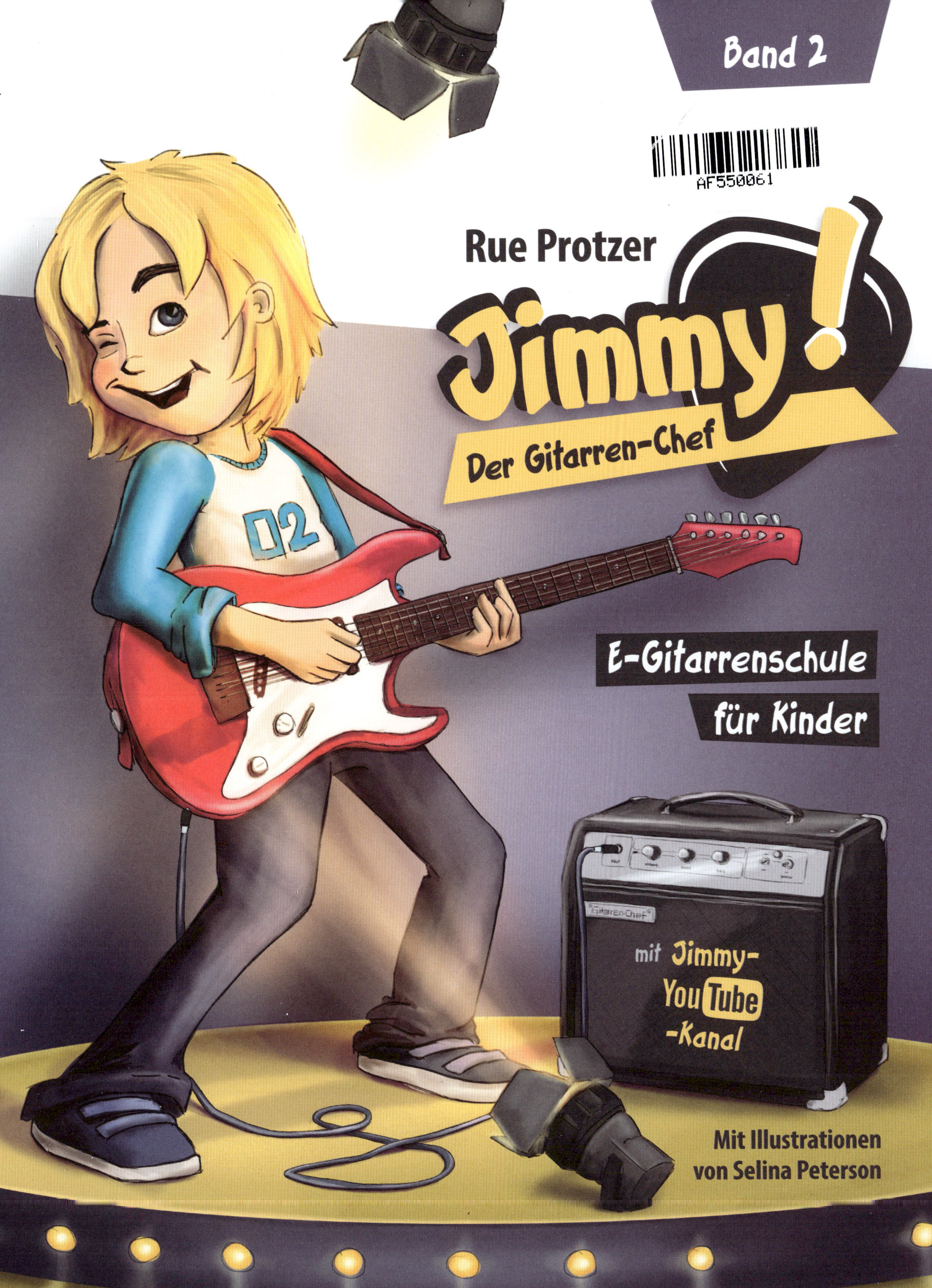
Band 2
AF550061
Rue Protzer
Jimmy!
Der Gitarren-Chef
E-Gitarrenschule
für Kinder
Gitarren-Chef
mit Jimmy-
YouTube
-Kanal
Mit Illustrationen
von Selina Peterson

Inhalt

1. Die ersten Akkorde

2. Die II. Lage

3. Neue Powerchords und Rock-Riffs

4. Neue Akkorde und neue Töne

5. Shuffle, Blues und neue Spieltechniken

6. Neue Tonarten, Rhythmen und Akkorde

7. Der kleine Barrégriff und weitere Akkorde

8. Coole Songs

Hallo Kinder!

Wir beginnen mit dem 2. Band von „Jimmy! Der Gitarren-Chef".

Jetzt lernen wir die ersten Akkorde kennen, mit denen wir viele neue Songs, wie *Let It Be*, *Highway To Hell* oder *99 Luftballons* begleiten. Wir werden auf dem gesamten Griffbrett in unterschiedlichen Lagen spielen. Viele neue Techniken, wie „Hammer on", „Pull off" oder „Slide" warten auf euch.

Zusätzlich helfen euch die im Buch gekennzeichneten Videos und Play-alongs auf der Internetseite **www.gitarren-chef.de**.

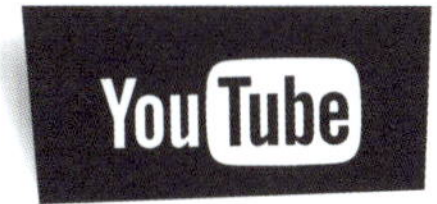

Über die Website kommt ihr auch auf den YouTube-Kanal „Jimmy! Der Gitarren-Chef". Dort seht ihr, wie andere Kinder Stücke aus der Schule spielen. Außerdem gibt es weitere Tipps und Tricks, z. B. wie man eine Gitarre stimmt, wie man die Saiten wechselt oder wie man einen Verstärker einstellt.

Play-along Bei Liedern mit diesem Zeichen könnt ihr zusammen mit einer Band im Original- oder langsameren Tempo spielen.

Versucht weiterhin, jeden Tag E-Gitarre zu spielen und zu üben, dann werdet ihr schnell vorankommen und viel Spaß haben. Seid geduldig, falls etwas nicht gleich klappt. Nehmt euch Zeit und probiert in Ruhe, ans Ziel zu kommen.

Ich wünsche euch weiterhin viel Spaß und viel Erfolg!

Rue Protzer

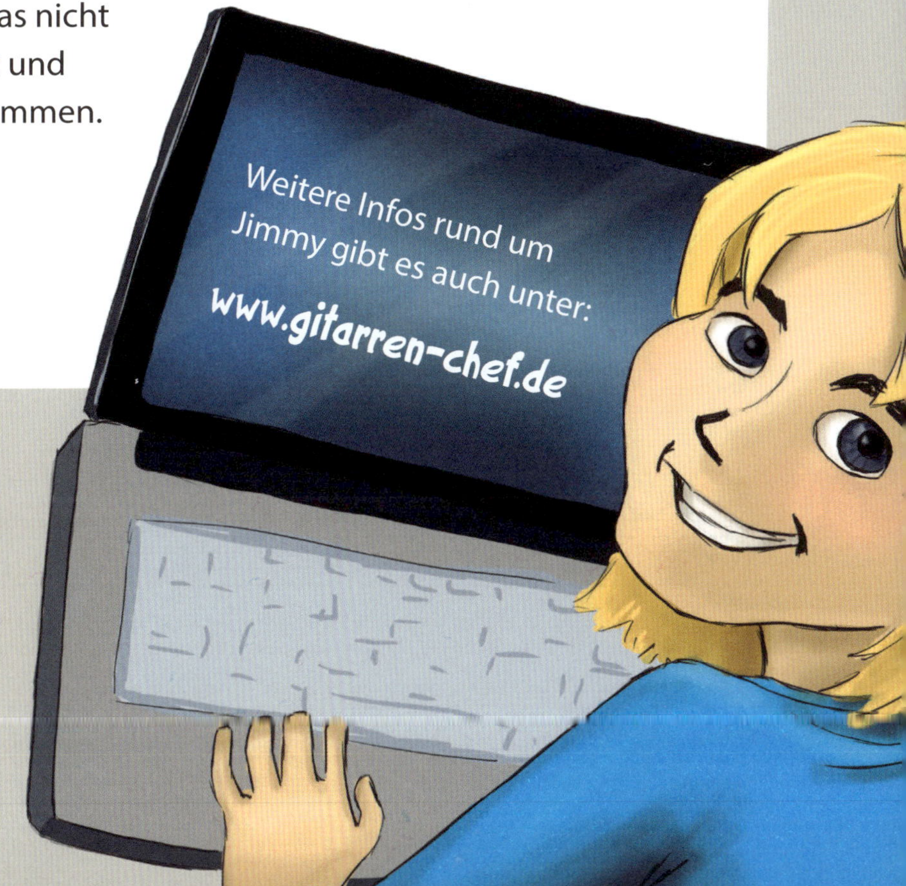

Impressum:

D 3514 / ISMN 979-0-50017-482-0
ISBN 978-3-86849-309-2

Covergestaltung, Illustrationen & Layout:
Selina Peterson
Notensatz: Regina Krauß

www.dux-verlag.de

1 Die ersten Akkorde

Wenn wir Akkorde spielen, werden drei oder mehrere Saiten gleichzeitig angeschlagen.

C-Dur und G-Dur

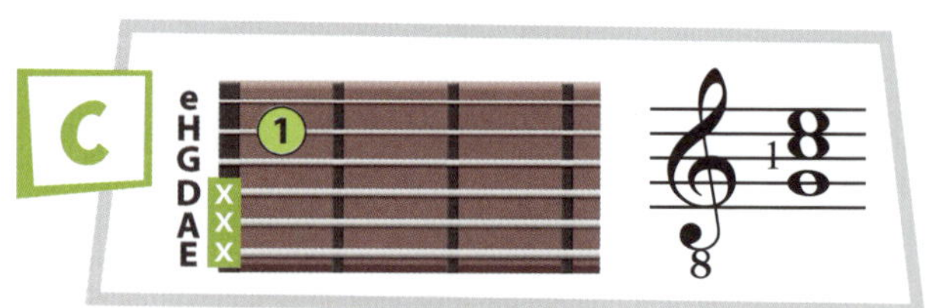

Bei beiden Akkorden schlagen wir nur die drei hohen Saiten an. Schau dir das Griffbild gut an:
X bedeutet: Die Saite wird nicht angeschlagen.

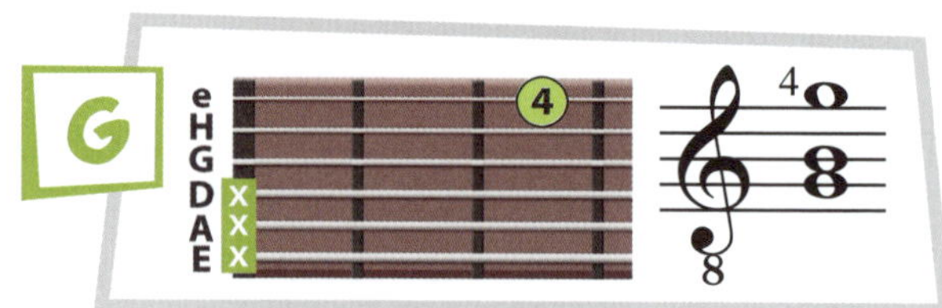

Song-Begleitungen werden häufig vereinfacht mit Akkordsymbolen aufgeschrieben:
Für C-Dur und G-Dur verwendet man kurz C und G.

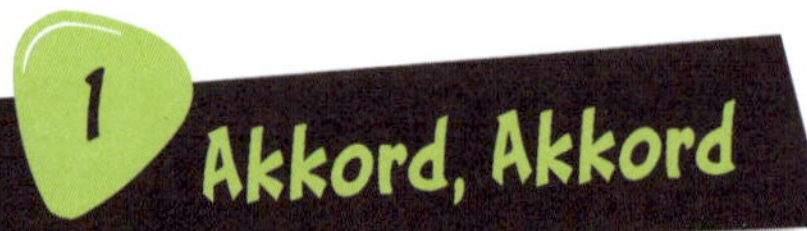

Schlage die drei hohen Saiten gleichzeitig an.

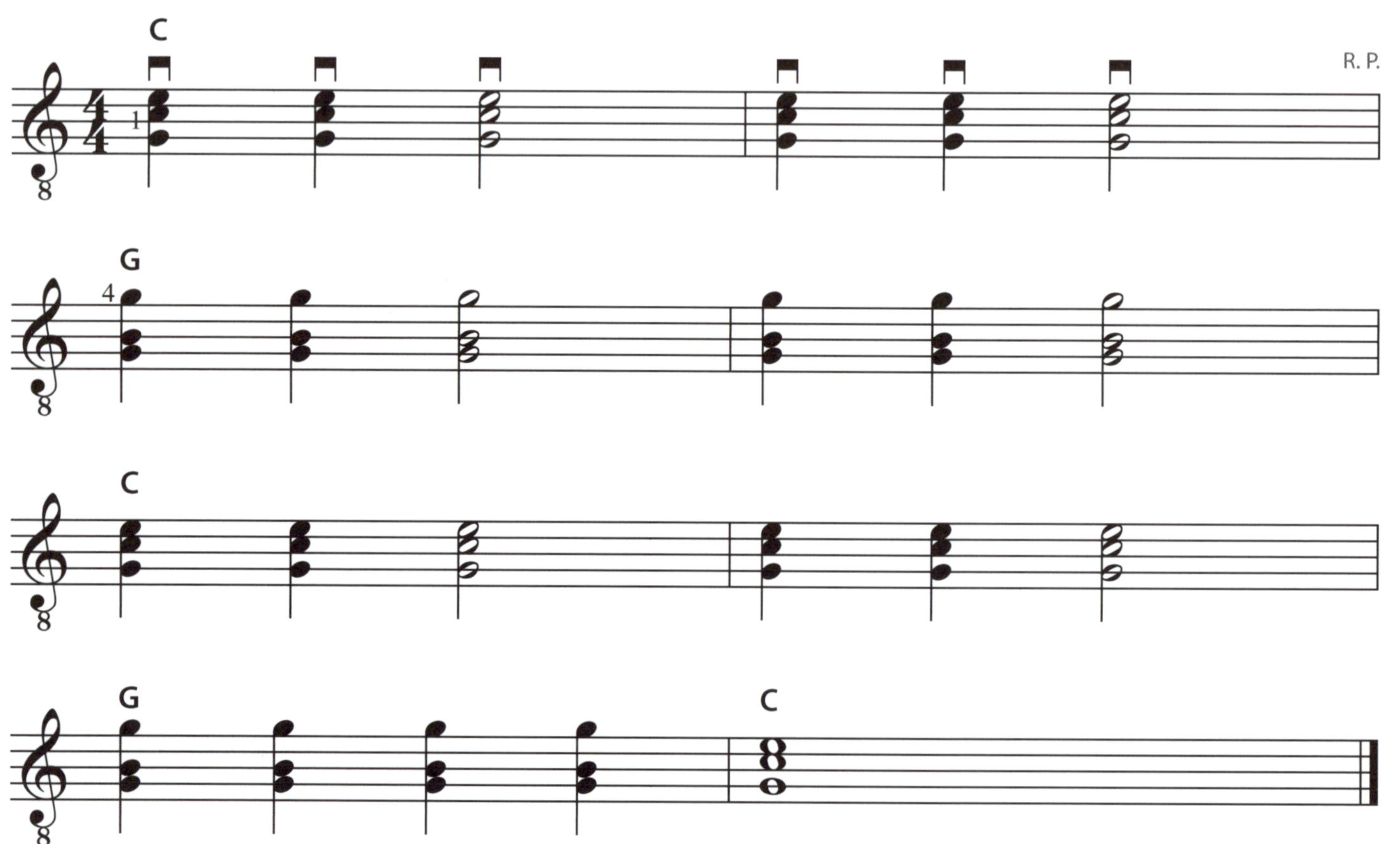

YouTube

Was ist ein Akkord?

Bisher haben wir ausschließlich **Powerchords** kennengelernt.
Diese bestehen aus zwei Tönen: dem Grundton (1. Stufe) und der Quinte (5. Stufe).

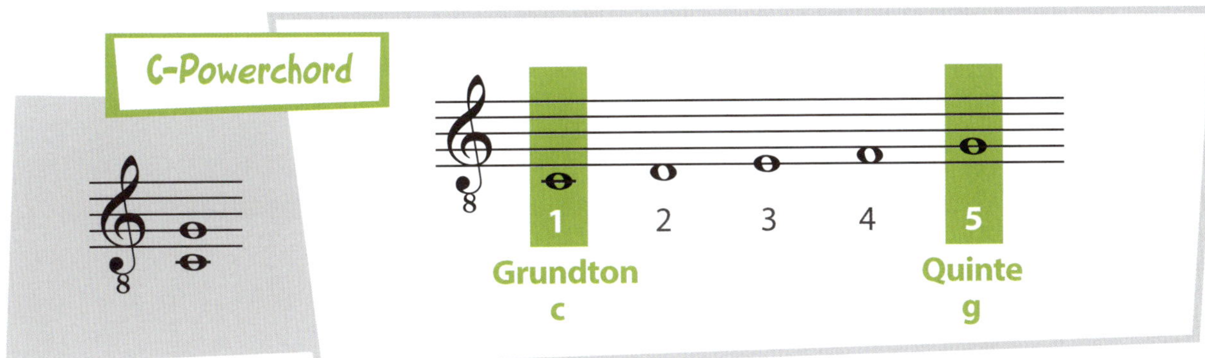

Dur-Akkorde bestehen aus drei Tönen!
Bei einem Dur-Akkord kommt neben dem Grundton und der Quinte noch ein weiterer Ton dazu: die große Terz (3. Stufe). Diese erhältst du, wenn du vom Grundton drei Töne nach oben zählst. Zähle immer den Grundton mit.

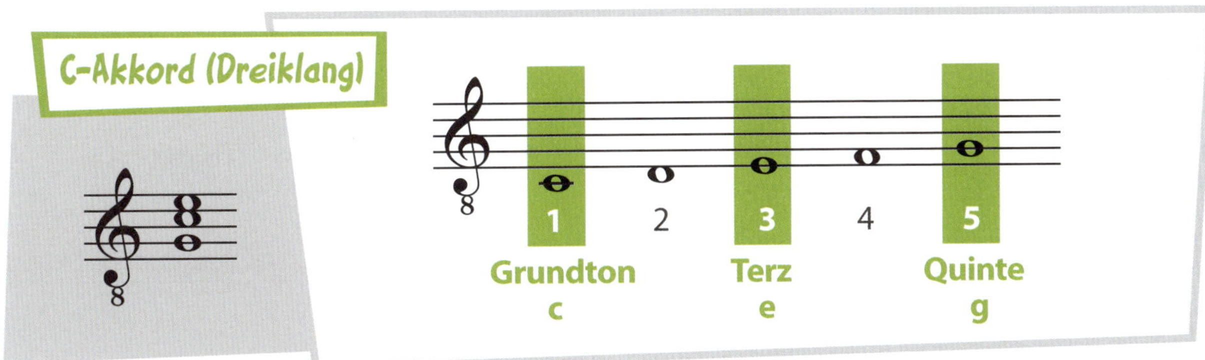

In diesem Beispiel wird der Grundton und die Terz eine Oktave höher gespielt!

Tonwiederholungen sind möglich:
Häufig werden Dur-Akkorde auch über alle sechs Saiten gespielt. In diesem Fall werden Töne mit gleichen Namen in einer anderen Oktave doppelt gespielt.

2 Fröhlich segeln wir entlang (Merrily We Roll Along)

Spiele zuerst die Melodie und dann die Begleitung.
Die Begleitstimme besteht aus Akkordsymbolen (C + G) und „schrägen" Notenköpfen. Diese Notenköpfe besagen, wie oft und in welchem Rhythmus der Akkord zu spielen ist. Das Stück steht im 2/4-Takt, das heißt, wir haben zwei Viertelschläge (oder vier Achtelschläge) pro Takt.

Versuche auch die Melodie zu singen und mit den Akkorden zu begleiten.
Oder dein Lehrer (oder ein Freund oder eine Freundin) spielt die andere Gitarre.

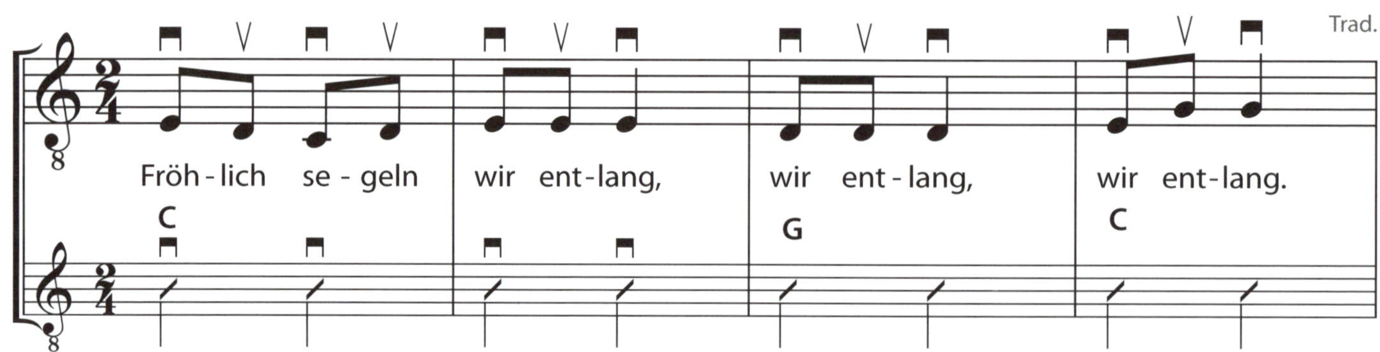

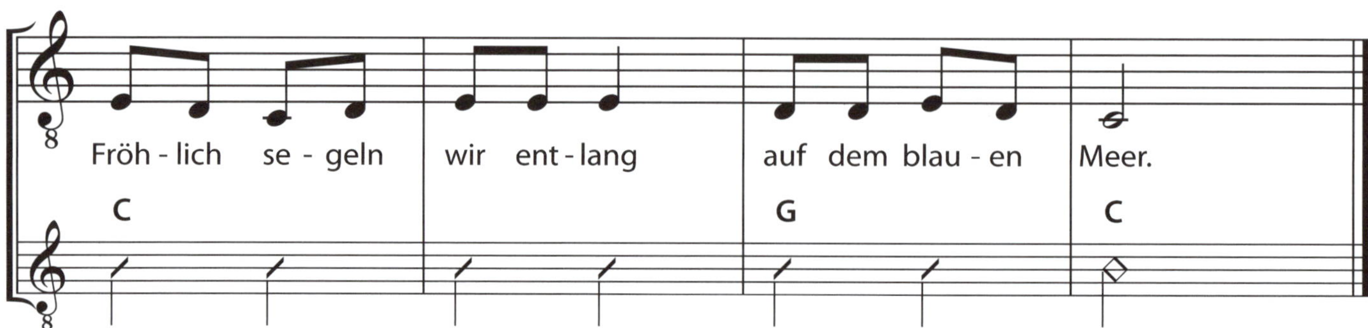

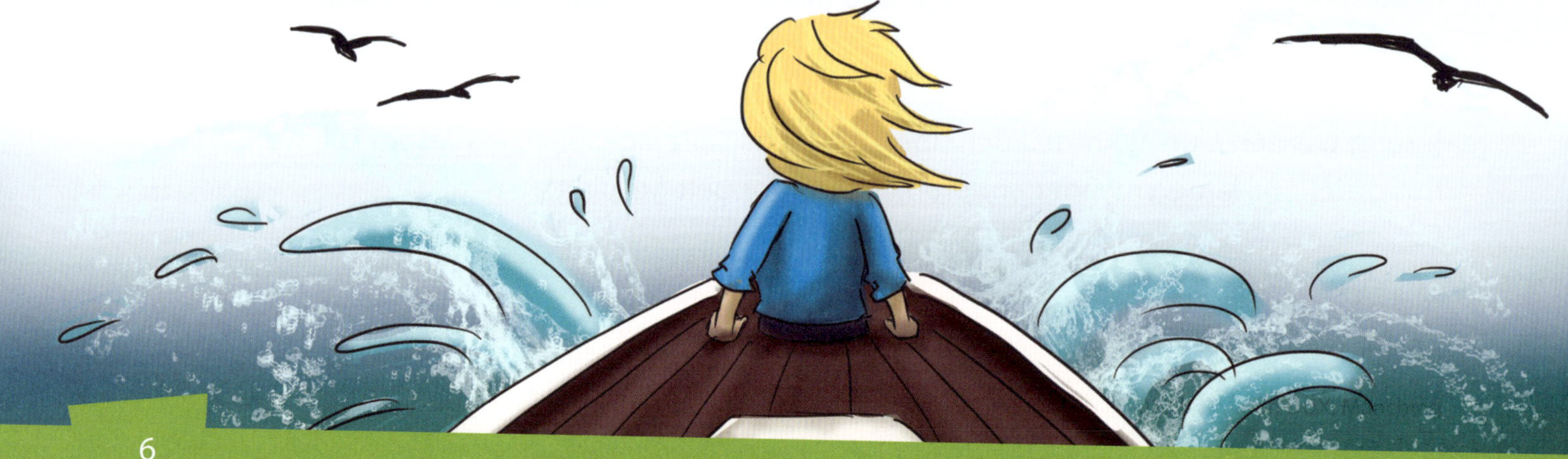

Der G7-Akkord

Spiele wieder nur die drei hohen Saiten.

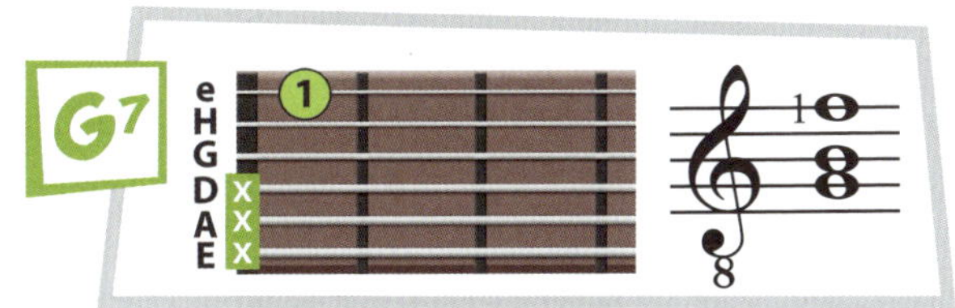

Noch etwas Musiktheorie:
Der G^7 ist ein sogenannter Septakkord, dem Akkord wird eine kleine Septime (der siebte Ton in der Tonleiter, hier der Ton f) hinzugefügt. Daher steht hinter dem Buchstaben die Ziffer 7.

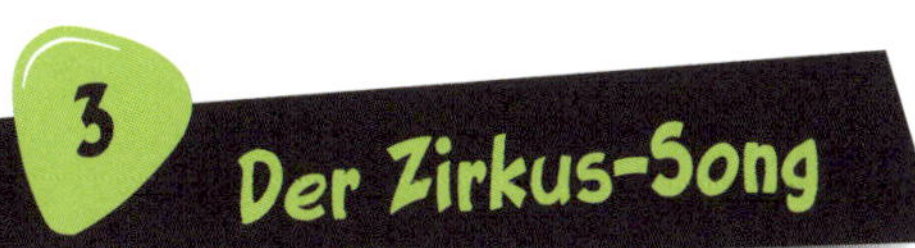

3 Der Zirkus-Song

Von Takt 1 bis Takt 4 stehen die Akkordtöne übereinander. Hier schlagen wir die drei hohen Saiten gleichzeitig an.
Ab Takt 5 bis 7 sind die Akkorde in einzelne Noten zerlegt. Wir spielen die Akkordtöne nicht mehr gleichzeitig, sondern nacheinander.

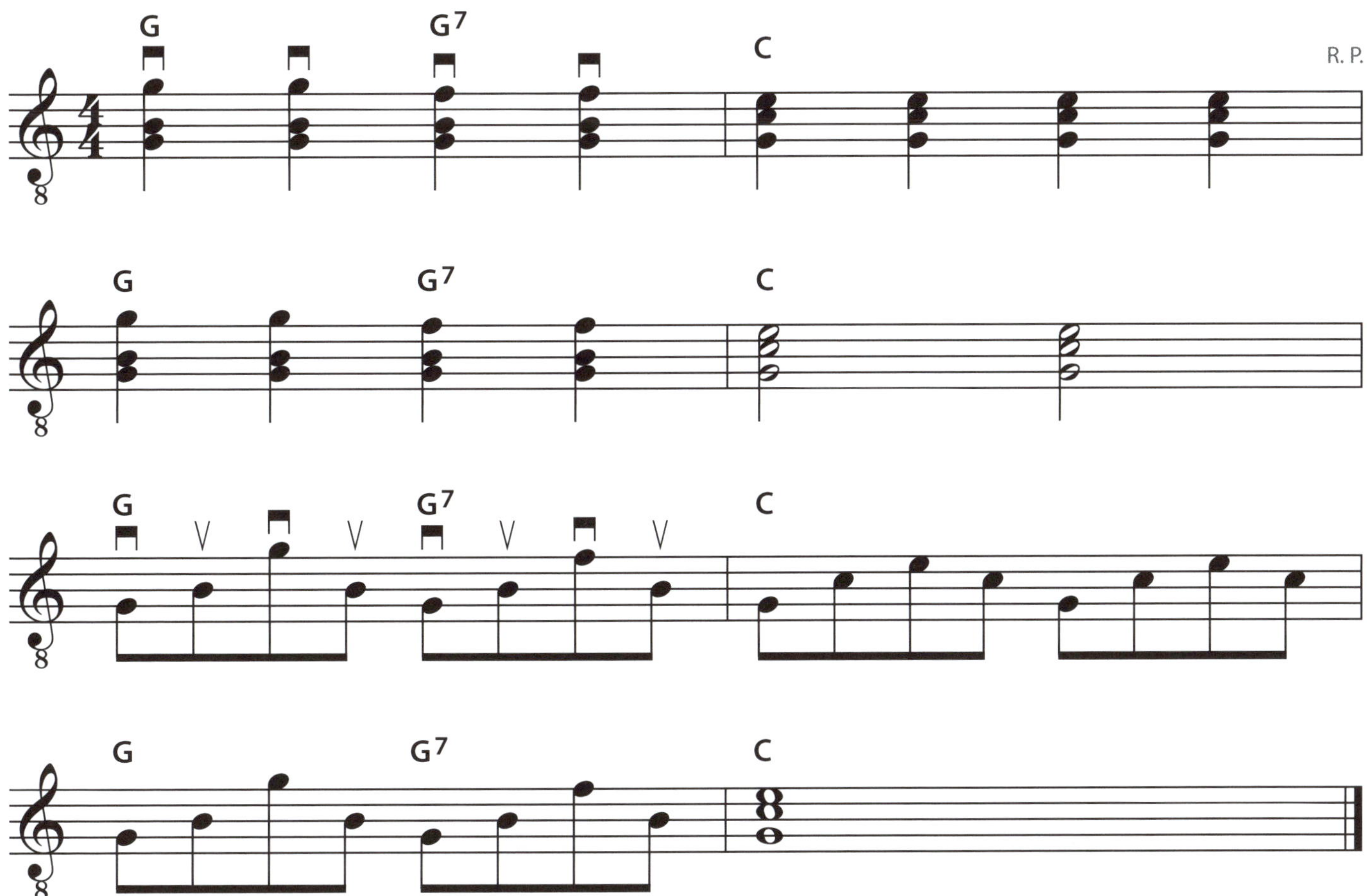

Die überbundene Achtelnote

Klatsche und zähle laut dazu. Beachte, dass die überbundene Achtel nicht geklatscht wird. Versuche, mit dem Fuß dazuzuklopfen.

Rhythmus 1

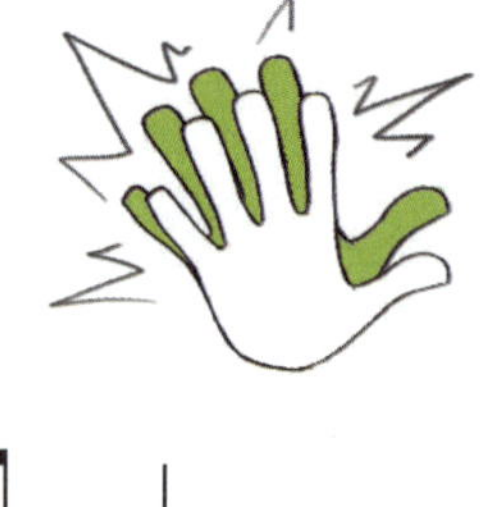

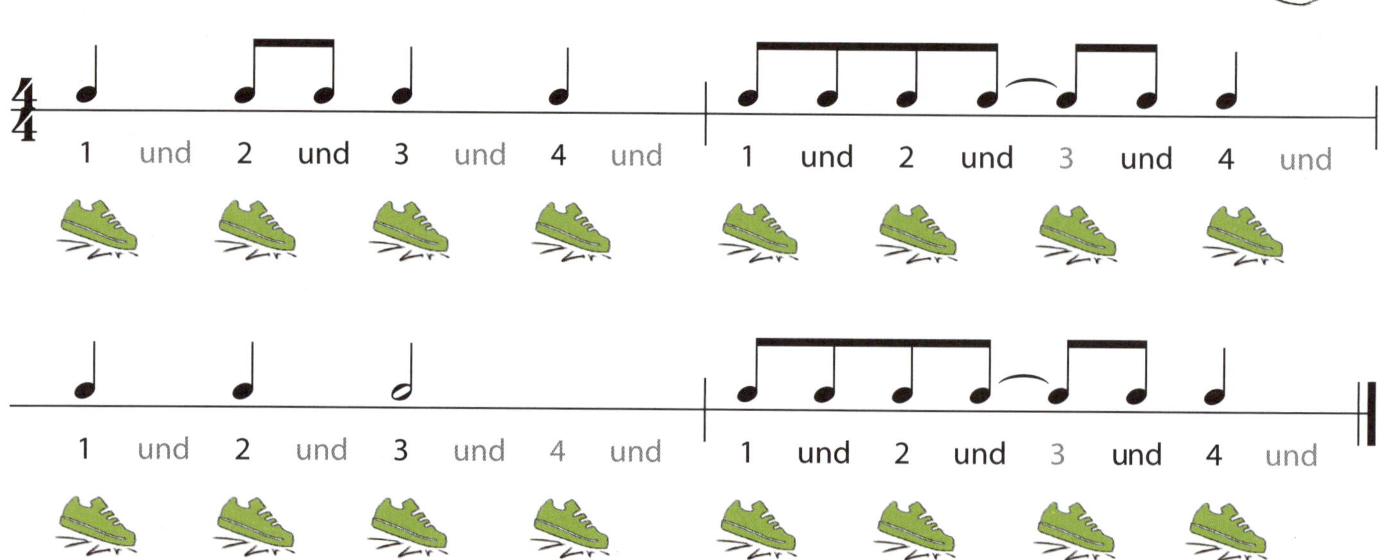

Rhythmus 2

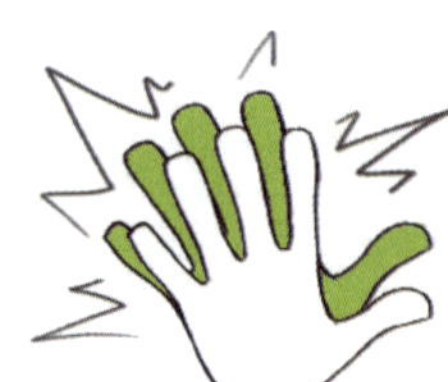

Klatsche und zähle. Die Zählzeiten fehlen hier. Schaffst du es trotzdem?

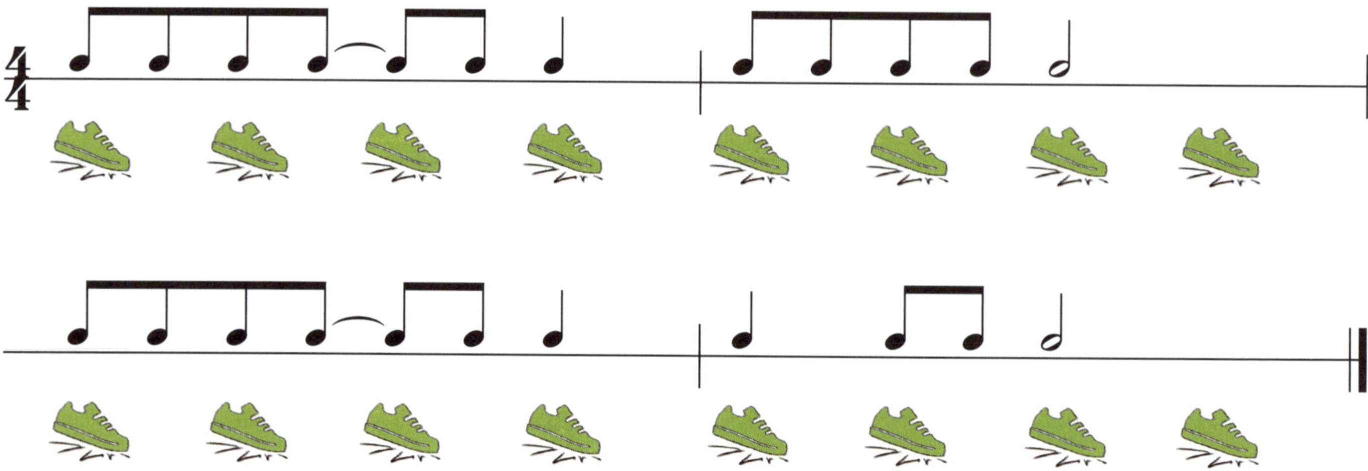

4 Rock My Soul

Play-along

Spiele zuerst die Melodie und dann die Begleitung.
Probiere anschließend, den Song zu singen und die Begleitung dazuzuspielen.

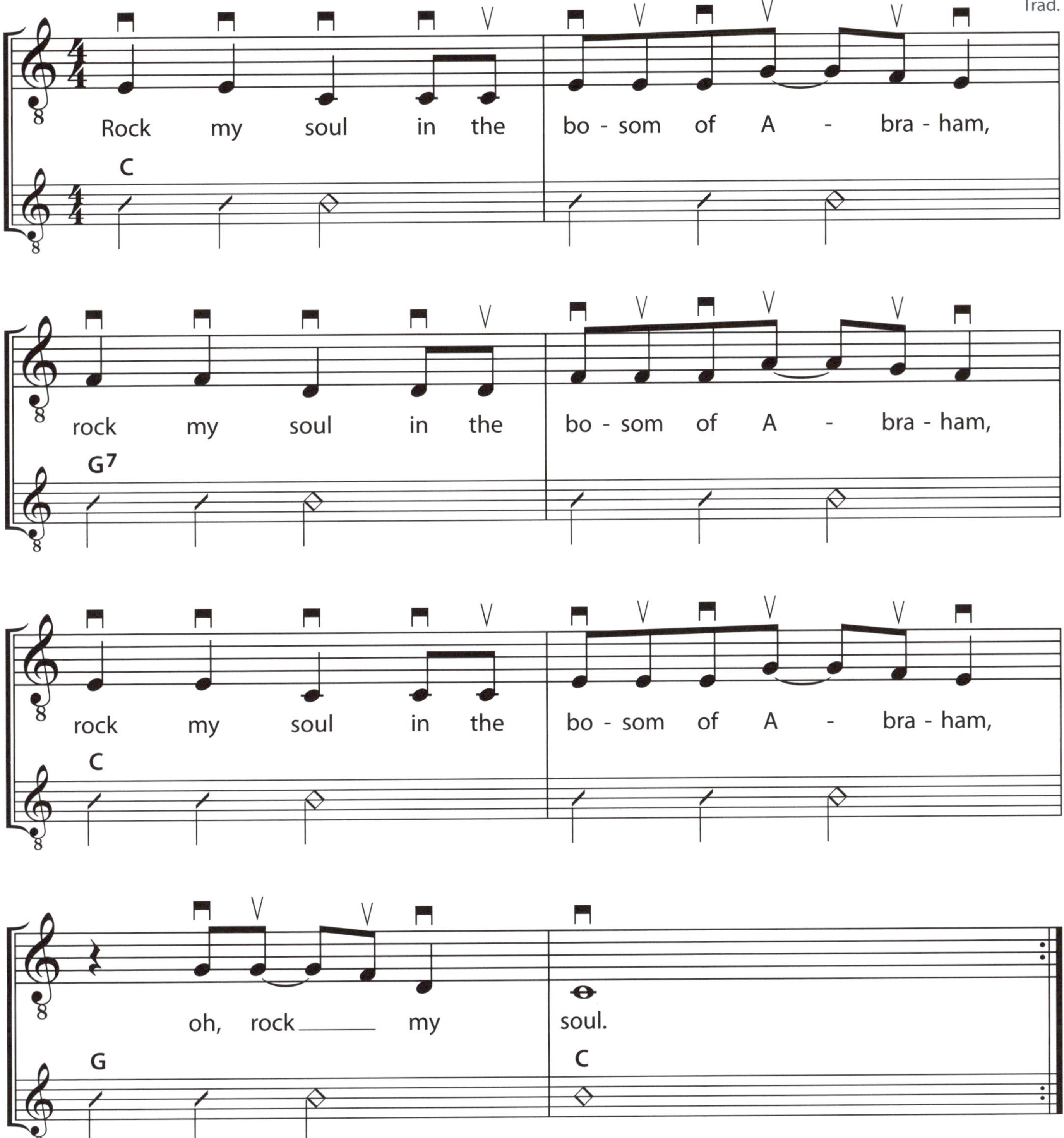

A-Moll und E-Moll

In der Musik gibt es Dur-Akkorde und Moll-Akkorde.
Den Unterschied kannst du gut im Klang hören:
Dur-Akkorde klingen heiter,
Moll-Akkorde klingen dagegen weicher und trauriger.

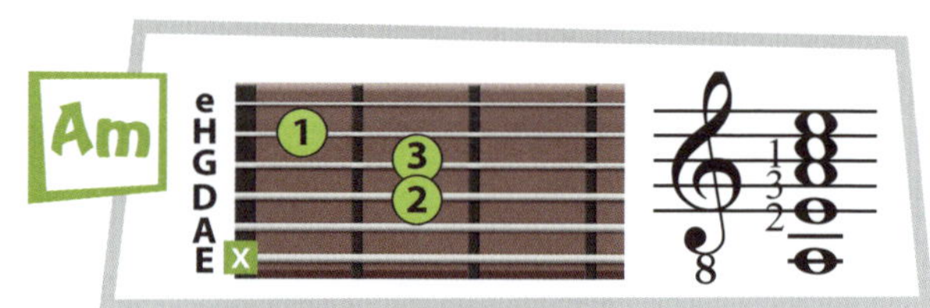

Bei Moll-Akkorden steht ein kleines m hinter dem Buchstaben. Unsere neuen Akkorde heißen A-Moll (Am) und E-Moll (Em).

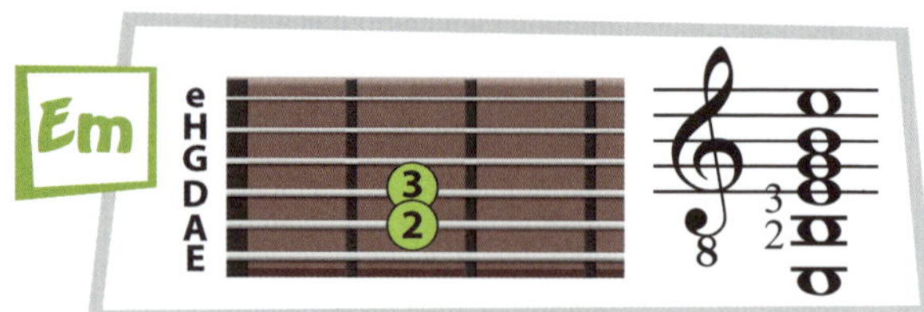

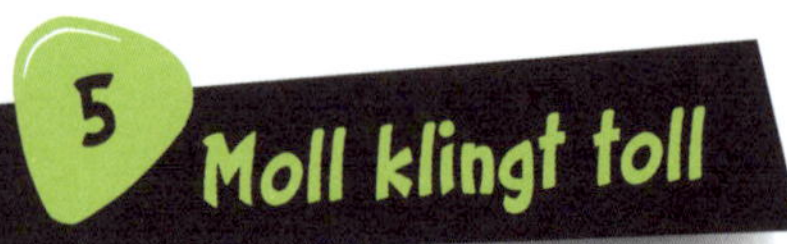

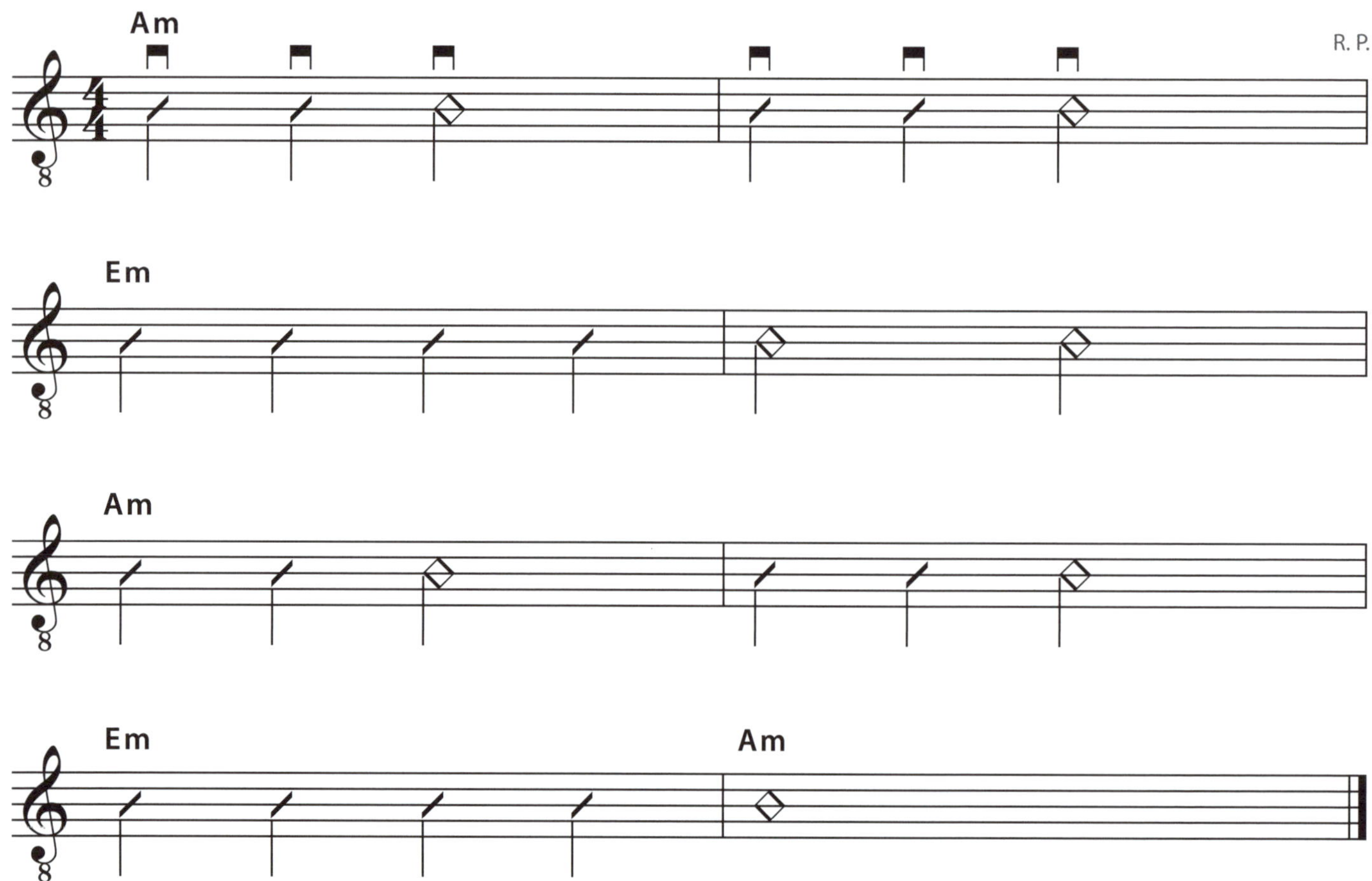

6 In der Zeitmaschine

In diesem Stück kommen alle Akkorde vor, die du bisher gelernt hast.

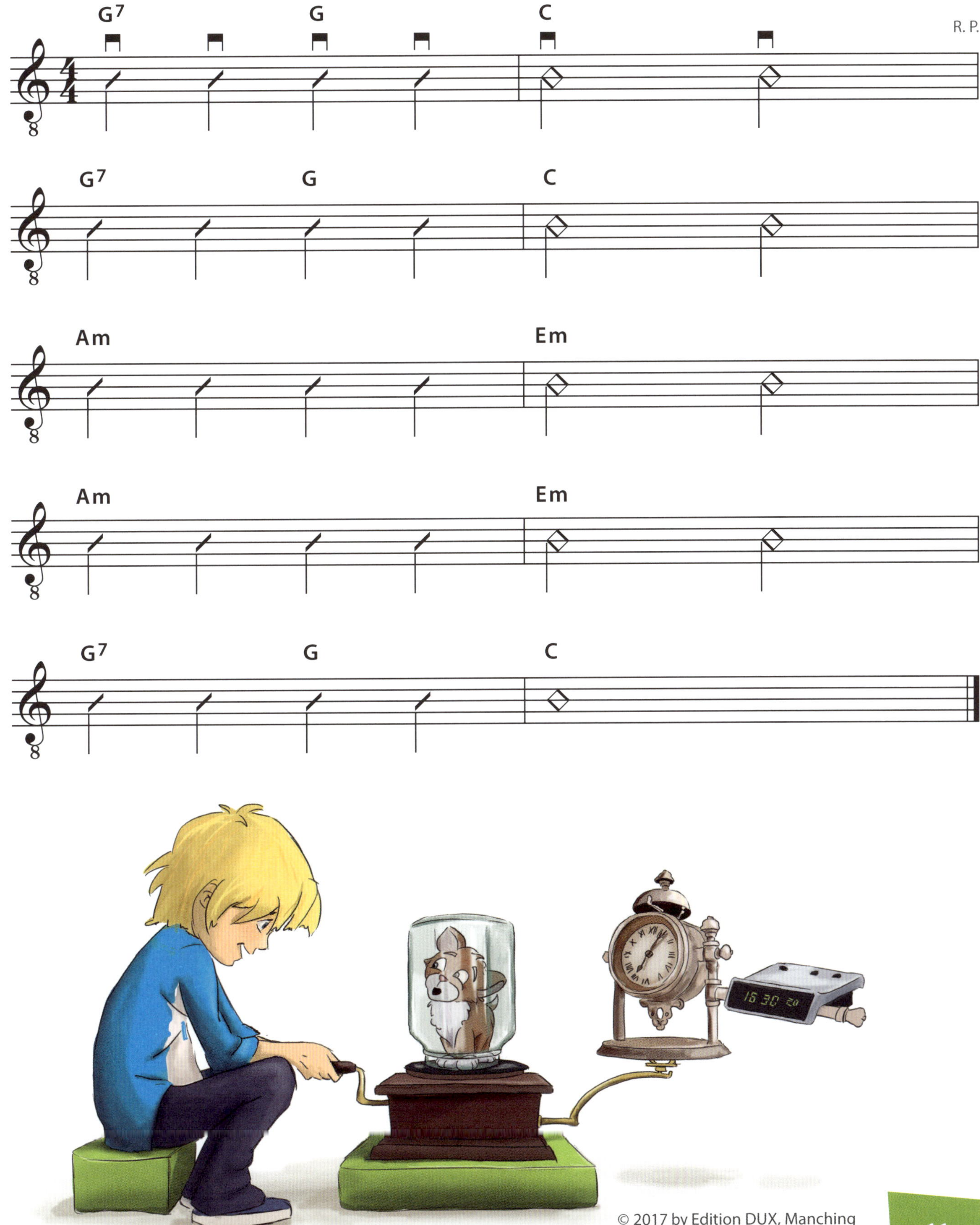

Text und Akkorde

Häufig werden Songs nur mit dem Text und den dazugehörigen Akkorden aufgeschrieben. Singe das nächste Lied (ein altes Seemannslied) und versuche dich mit den Akkorden in halben Schlägen zu begleiten.

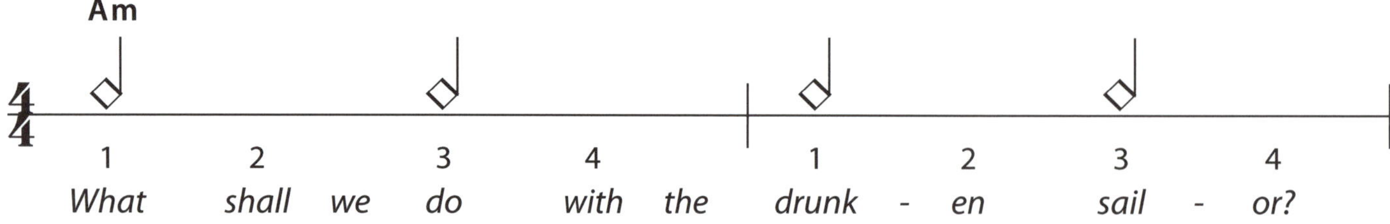

7 What Shall We Do With The Drunken Sailor

Play-along

Traditional

1. Strophe

Am / / /
What shall we do with the drunken sailor?
G / / /
What shall we do with the drunken sailor?
Am / / /
What shall we do with the drunken sailor
G / Am /
ear-ly in the morning?

Refrain

Am / / /
Hooray, and up she rises,
G / / /
hooray, and up she rises,
Am / / /
hooray, and up she rises
G / Am /
ear-ly in the morning.

2. Strophe

Am / / /
Put him in the long boat 'til he's sober.
G / / /
Put him in the long boat 'til he's sober.
Am / / /
Put him in the long boat 'til he's sober
G / Am /
ear-ly in the morning.

Refrain

Am / / /
Hooray, and up she rises,
G / / /
hooray, and up she rises,
Am / / /
hooray, and up she rises
G / Am / /
ear-ly in the morning.

8 Lady In Black ▶ Play-along

Der nächste Song ist ein Klassiker der Band Uriah Heep.
Hör dir den Originalsong auf YouTube an.

Musik und Text: Ken Hensley

1. Strophe

Am / / / / / / /
She came to me one morning, one lonely Sunday morning
G / / / Am / / /
Her long hair flowing, in the midwinter wind
Am / / / / / / /
I know not how she found me, for in darkness I was walking
G / / / Am / / /
And destruction lay around me, from a fight I could not win

Refrain

Am / / / G / Am /
Ah ah ah ah ah ah ah
Am / G / Am / / /
Ah ah ah ah ah

2. Strophe

Am / / / / / / /
She asked me name my foe then, I said the need within some men
G / / / Am / / /
To fight and kill their brothers, without thought of love or God
Am / / / / / / /
And I begged her give me horses, to trample down my enemies
G / / / Am / / /
So eager was my passion, to devour this waste of life

Refrain

Am / / / G / Am /
Ah ah ah ah ah ah ah
Am / G / Am / / / /
Ah ah ah ah ah

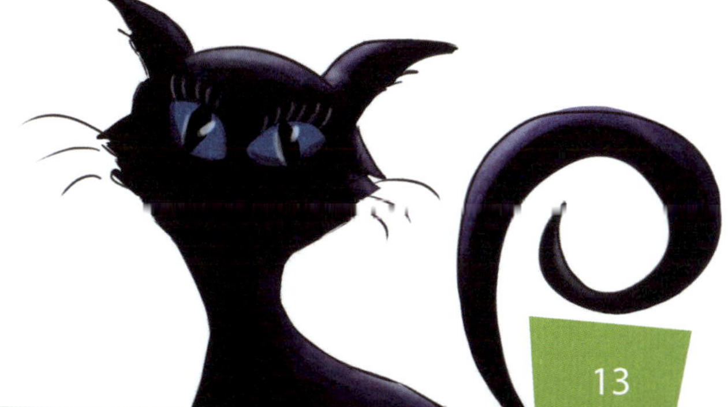

2 Die II. Lage

In der zweiten Lage (II) werden alle Finger der linken Hand um einen Bund verschoben. Der 1. Finger greift am 2. Bund.

Die Töne auf der A-Saite

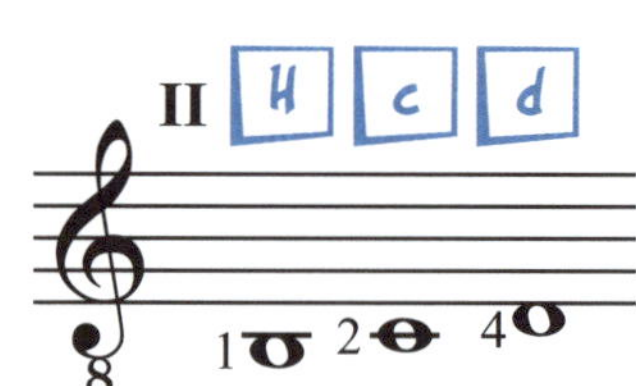

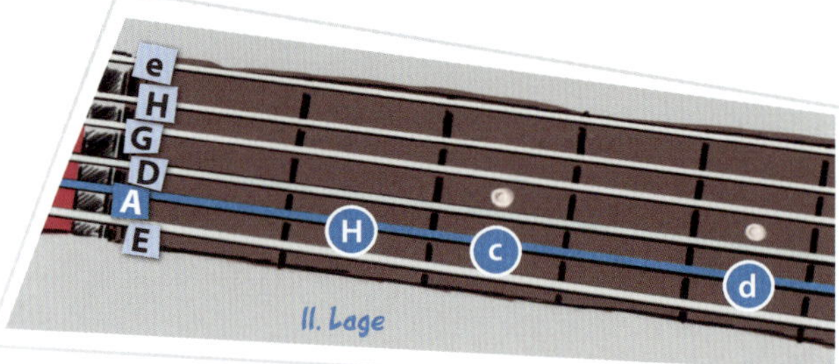

9 Der Maulwurf

Aufgepasst: Beachte die Zahlen neben den Noten, damit du mit den richtigen Fingern spielst.

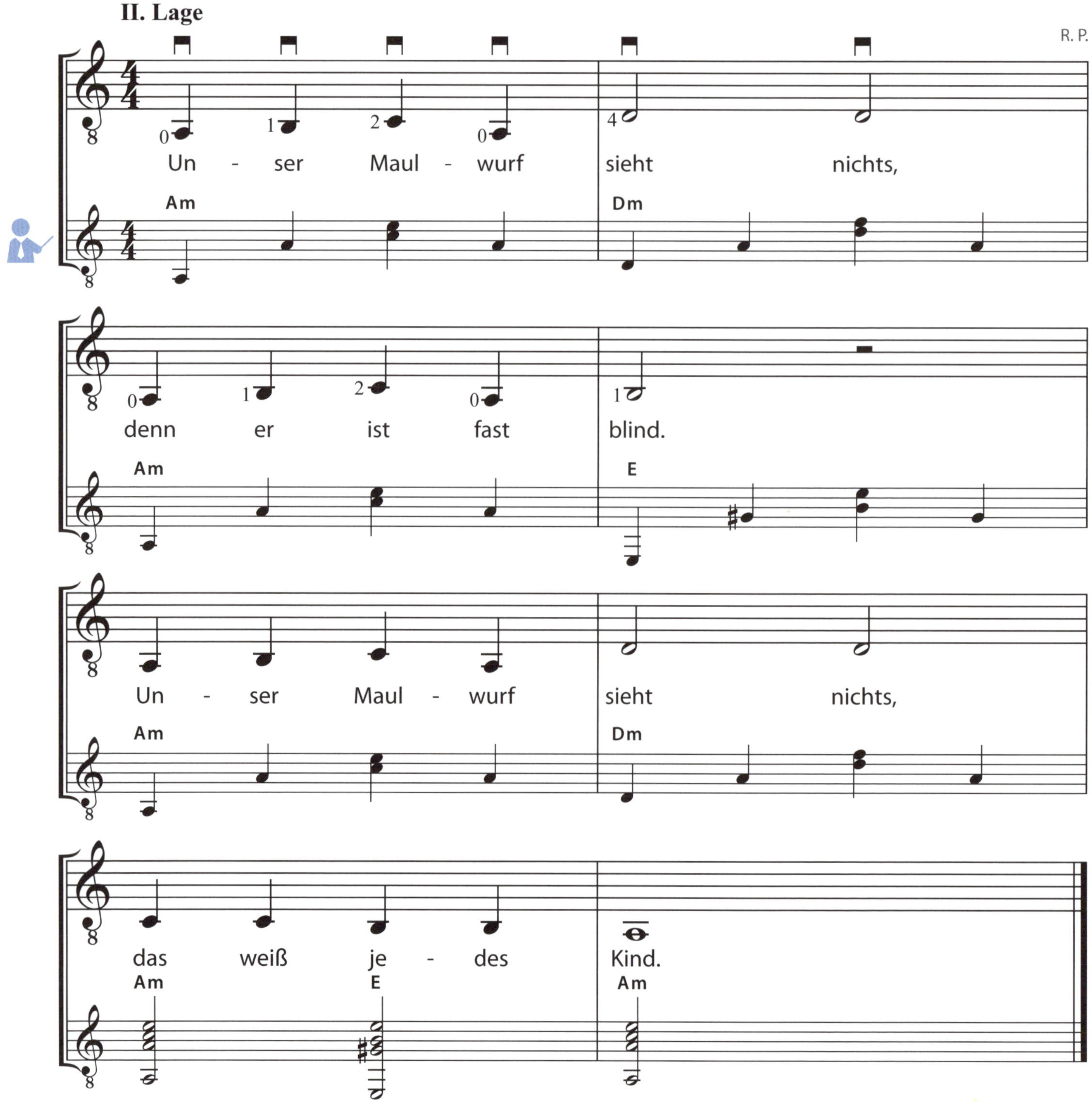

II. Lage

R. P.

Am Dm
Un - ser Maul - wurf sieht nichts,

Am E
denn er ist fast blind.

Am Dm
Un - ser Maul - wurf sieht nichts,

Am E Am
das weiß je - des Kind.

Die Töne auf der D-Saite

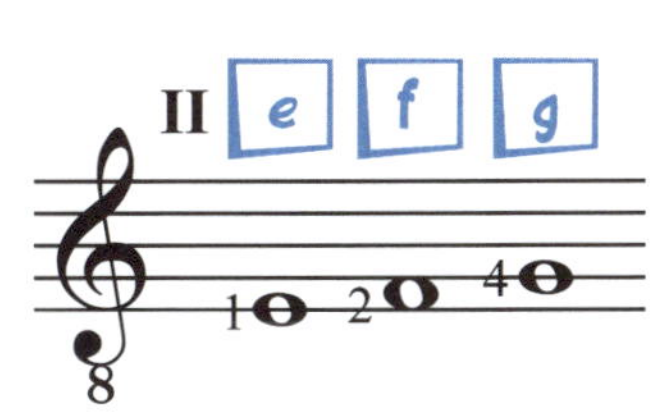

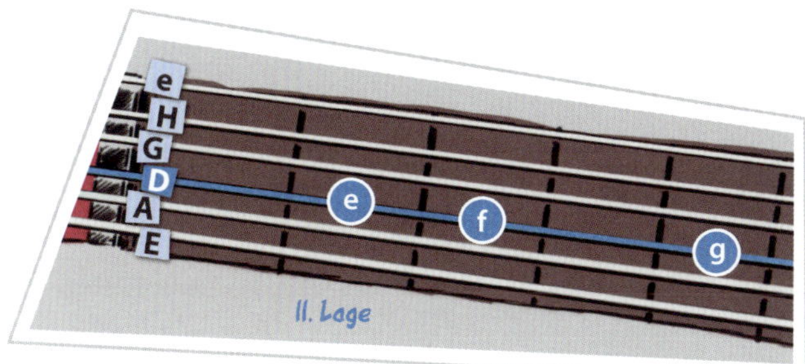

10 Heute Nacht

II. Lage

R. P.

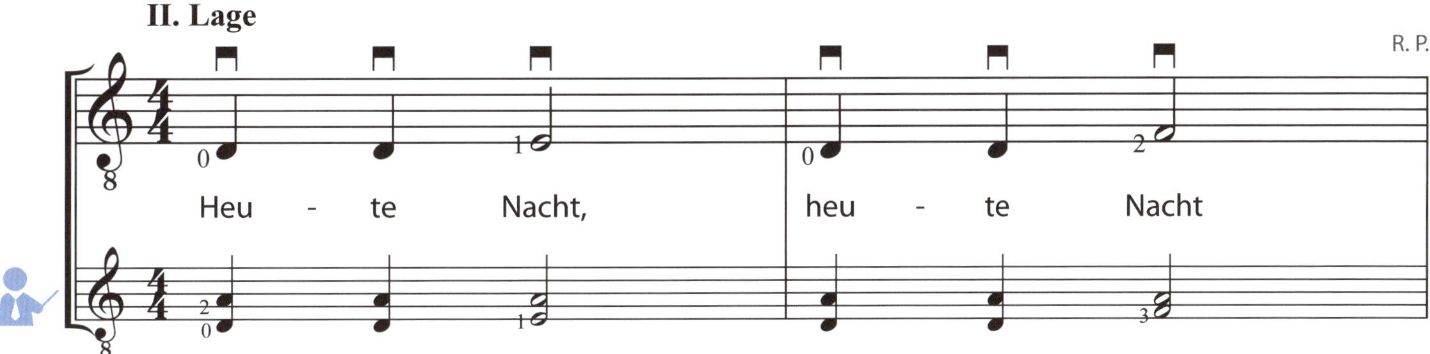

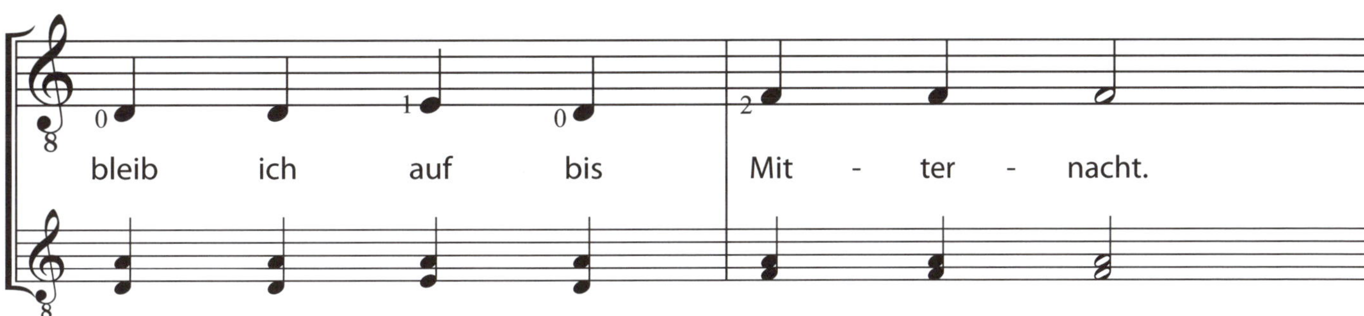

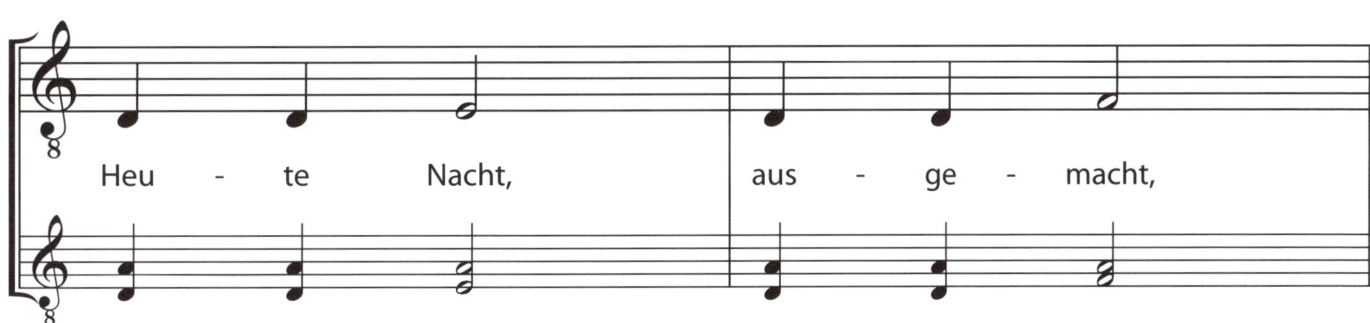

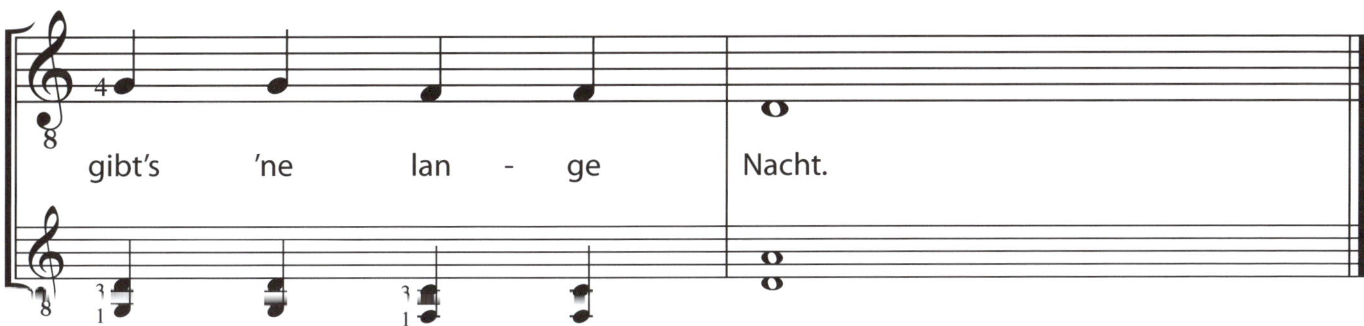

Die Töne auf der G-Saite

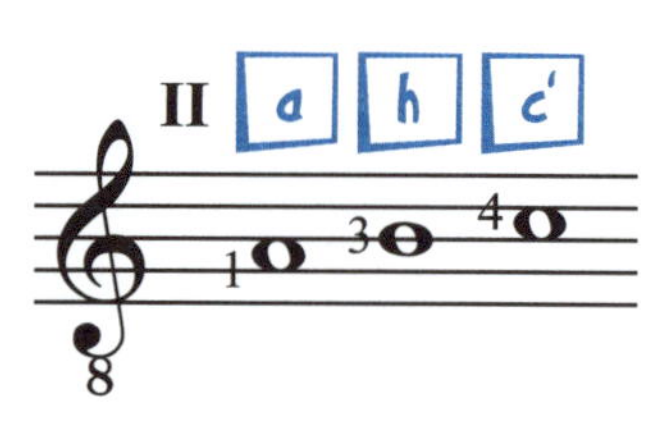

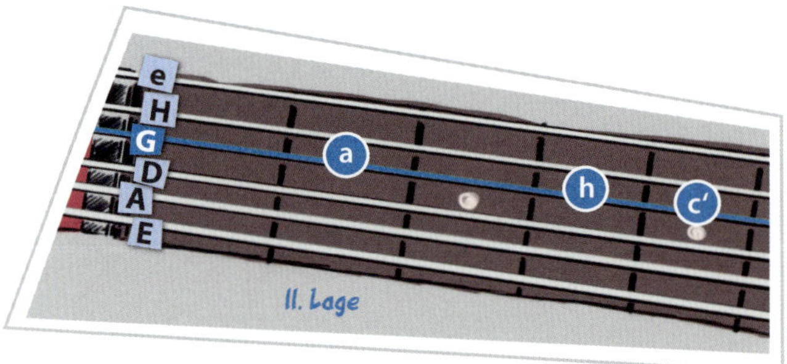

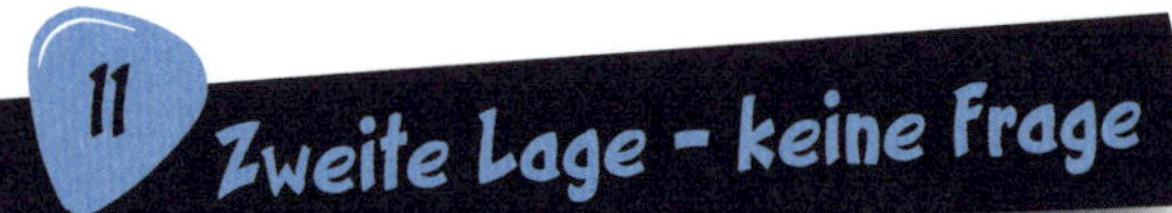

Setze zu Beginn alle Finger der linken Hand in der zweiten Lage auf der G-Saite auf. Dieses Stück kann man auch als Kanon zu zweit spielen: Die erste Stimme beginnt allein, die zweite Stimme setzt genau einen Takt später ein.

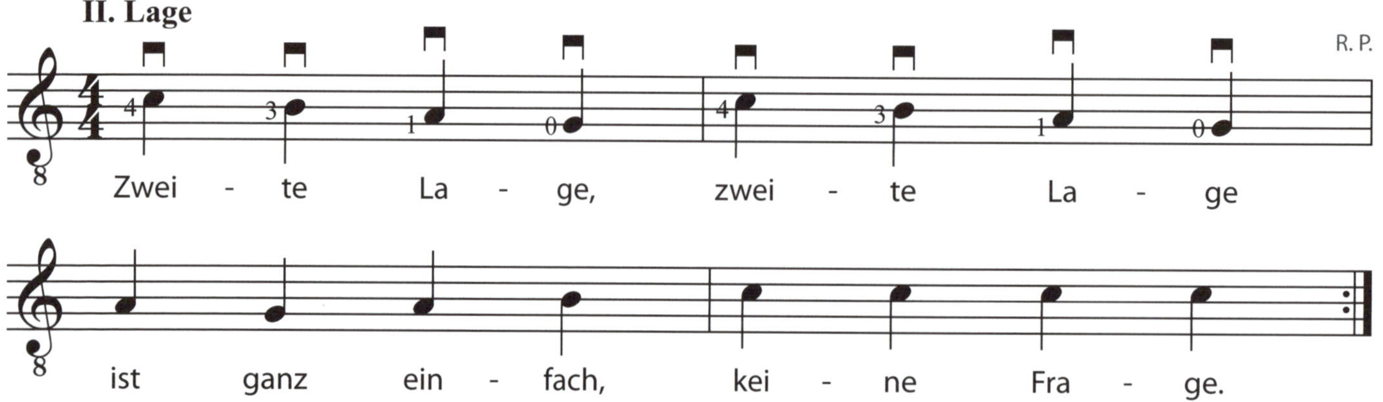

12 Die C-Dur-Tonleiter

Wir lernen die C-Dur-Tonleiter in der II. Lage.
Beachte den Wechselschlag!

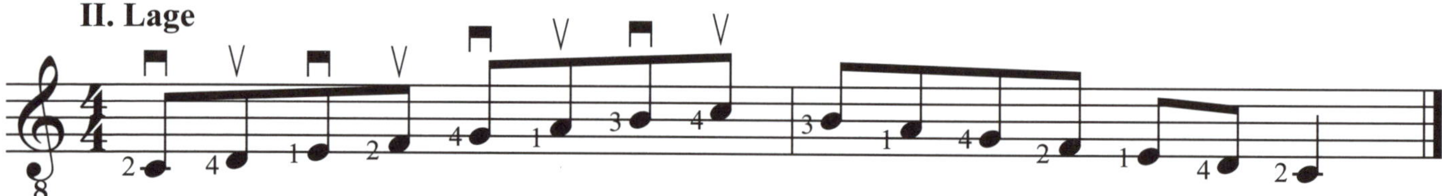

13 Tonleiterübung II. Lage

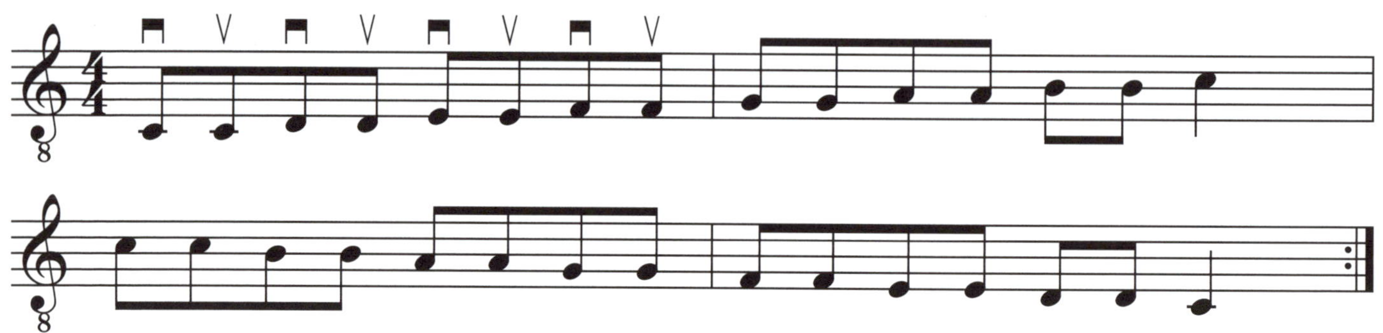

14 Rauf und runter

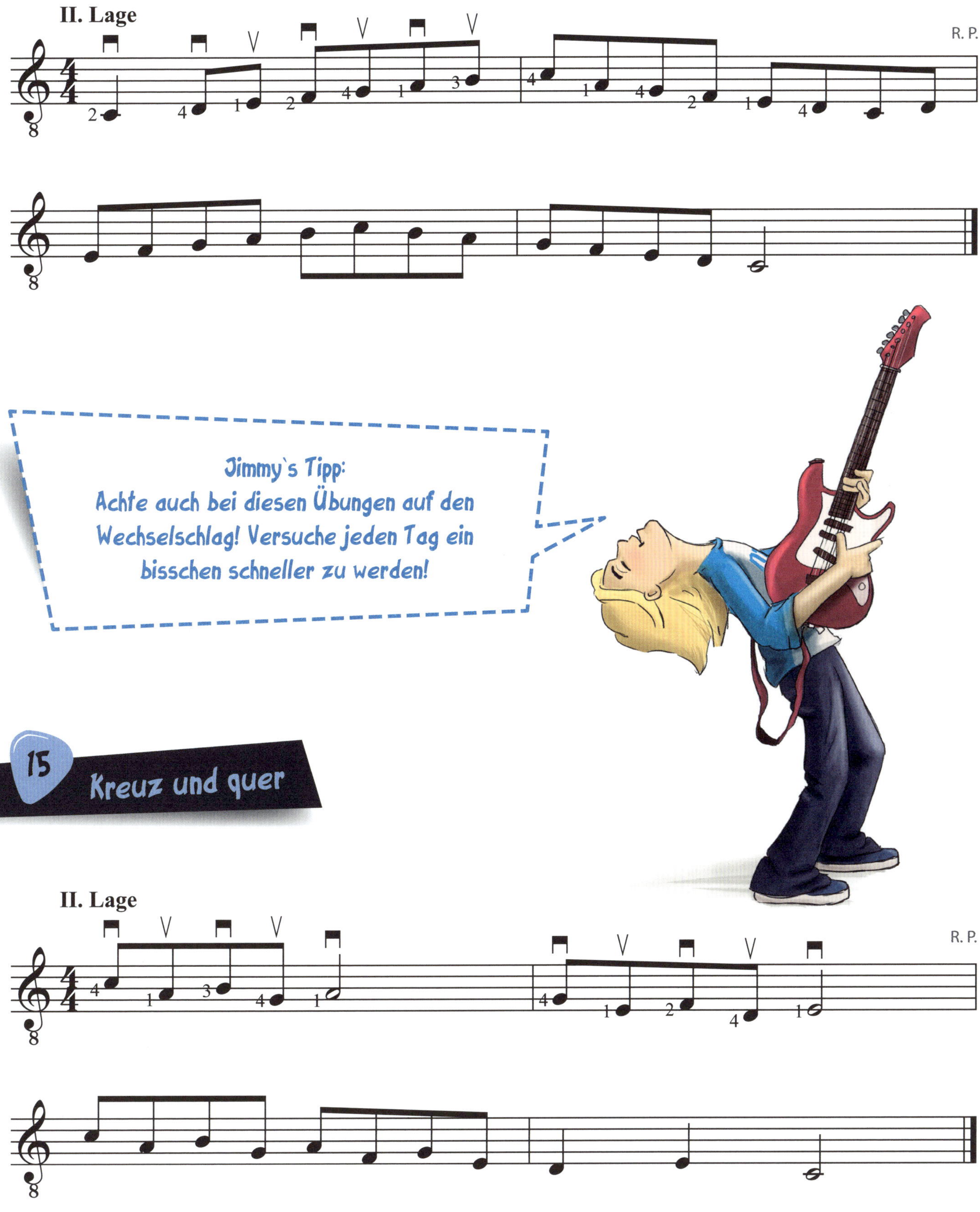

15 Kreuz und quer

II. Lage

R. P.

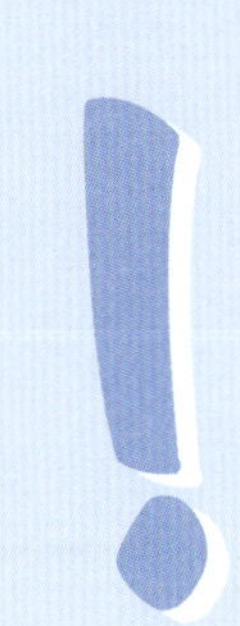

Die punktierte Viertelnote

Steht hinter der Viertelnote ein Punkt, wird die Note um die Hälfte, also um eine Achtelnote, verlängert.

Klatsche die Übungen und zähle laut dazu.

Rhythmus 1

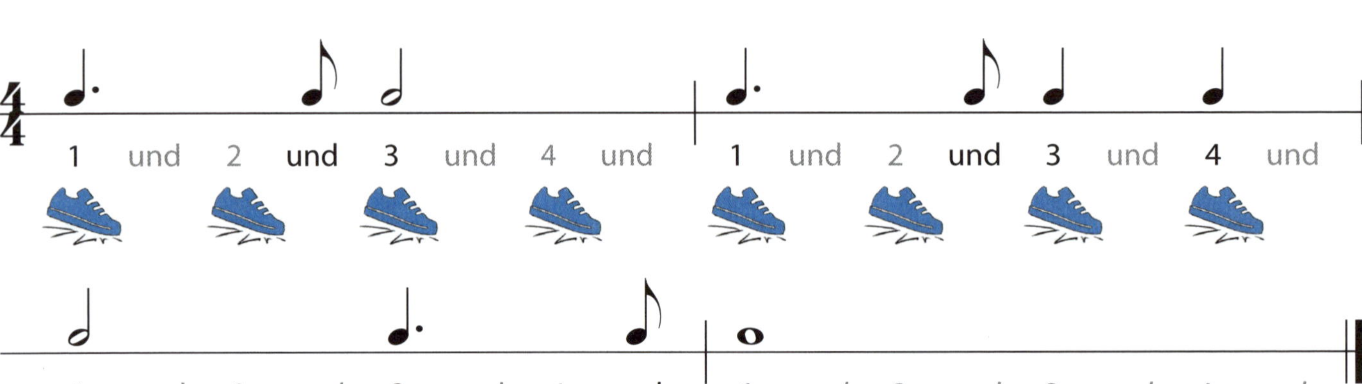

Rhythmus 2

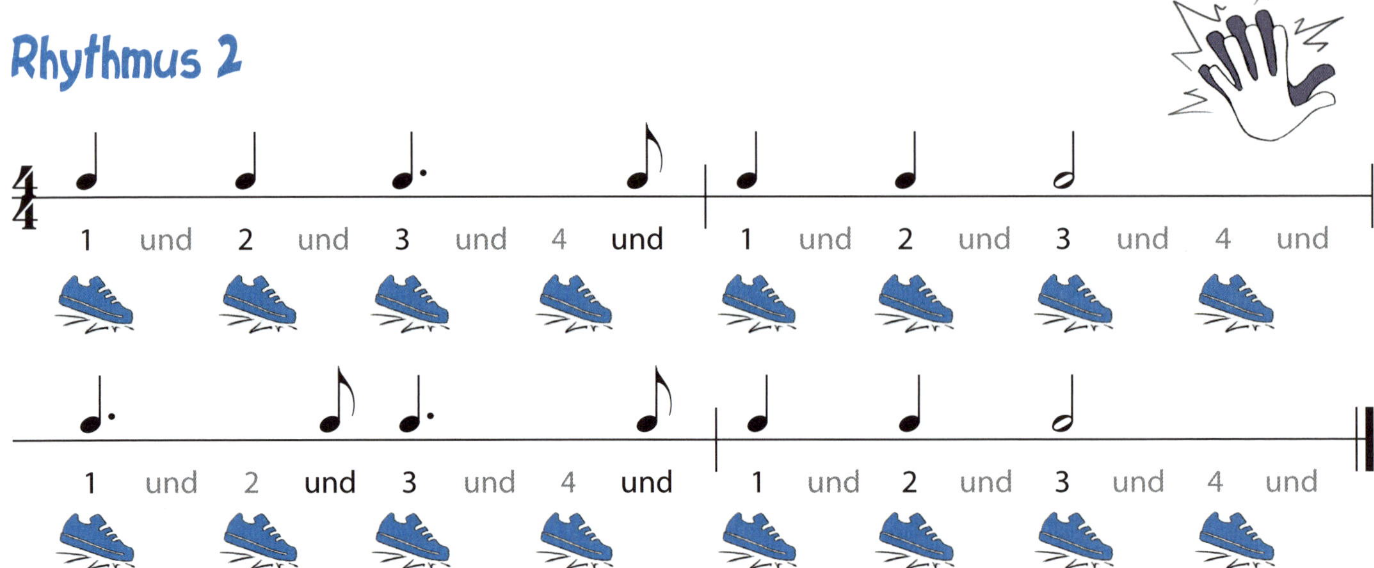

16 Ode an die Freude

Play-along

Ein berühmtes Stück aus der 9. Sinfonie von Ludwig van Beethoven!
Eine rockige Begleitung lernen wir auf Seite 26.

II. Lage

L. v. Beethoven

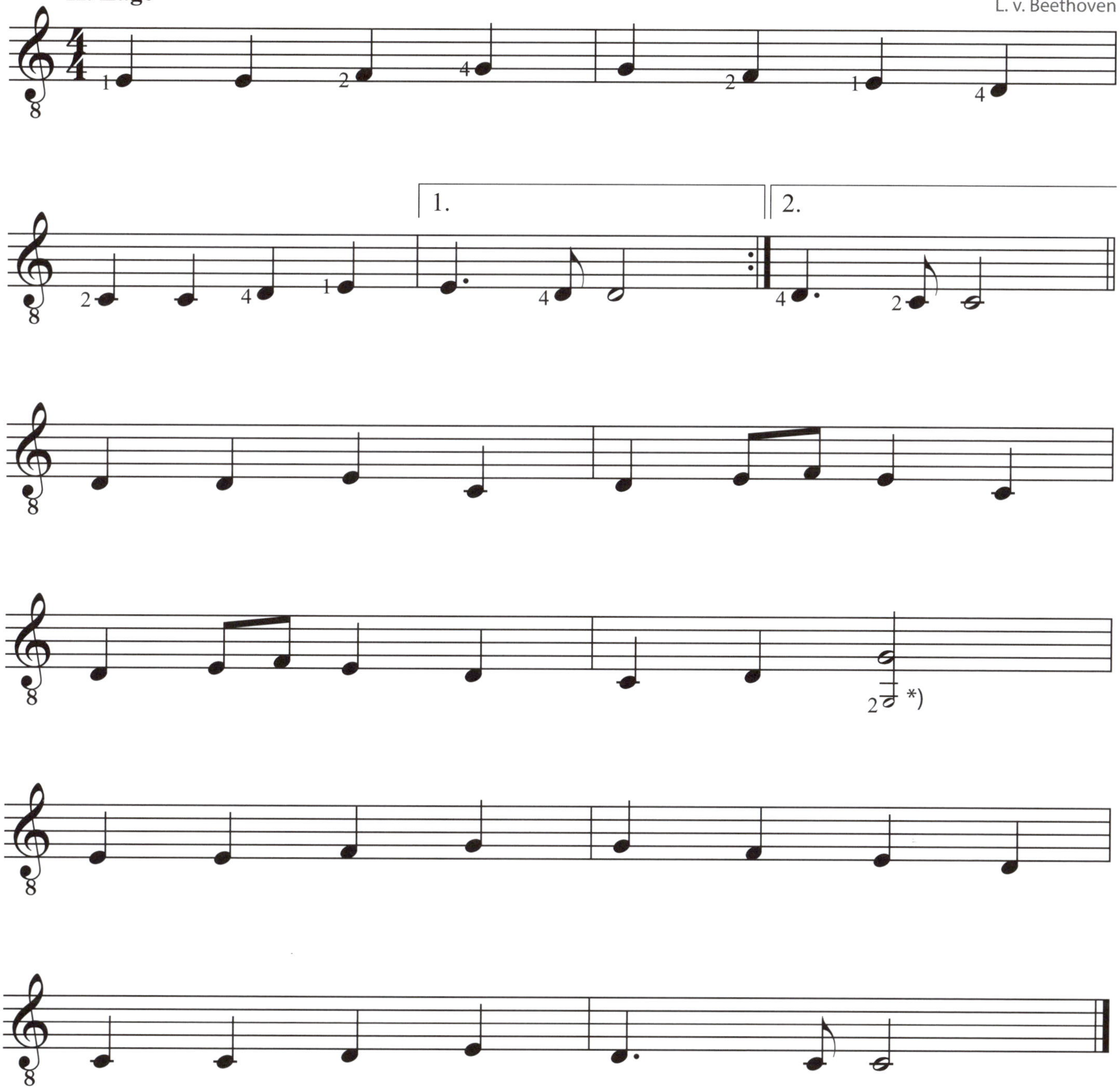

1. 2.

*) Den Originalton an dieser Stelle lernst du auf Seite 24.

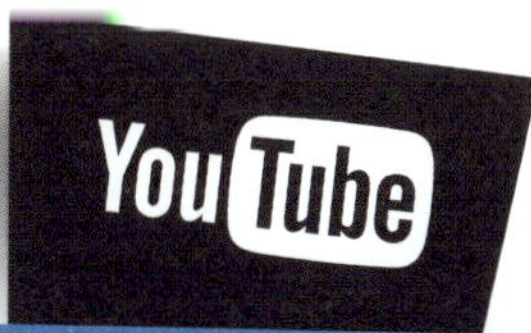

Das Versetzungszeichen Kreuz (♯)

Steht ein ♯ vor einer Note, wird diese um einen Halbton erhöht.
Aus einem f wird dann ein fis.
Achtung: Das ♯ gilt nur bis zum nächsten Taktstrich.

Die Note fis

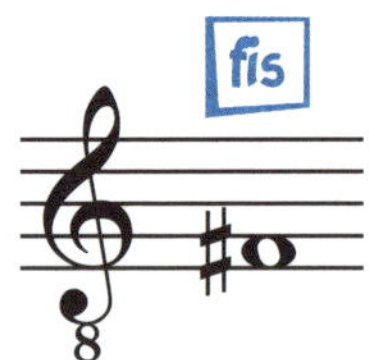

Das fis auf der D-Saite

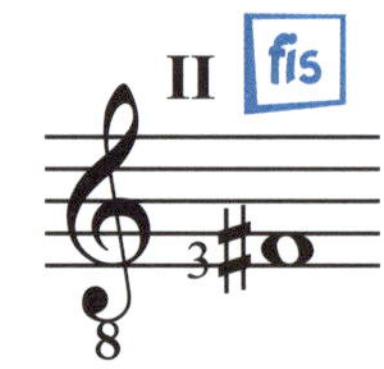

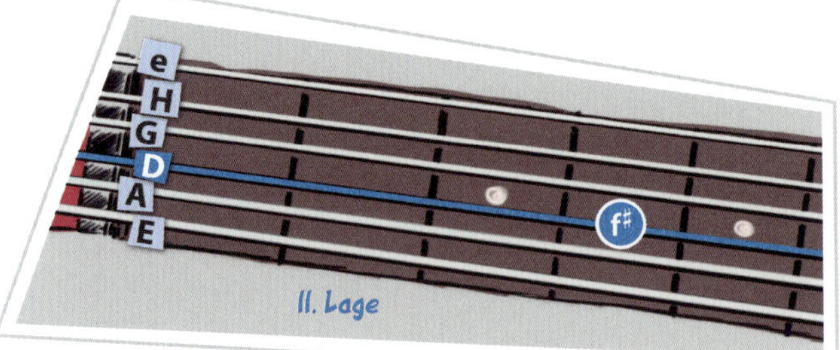

17 Ein kleines Kreuz

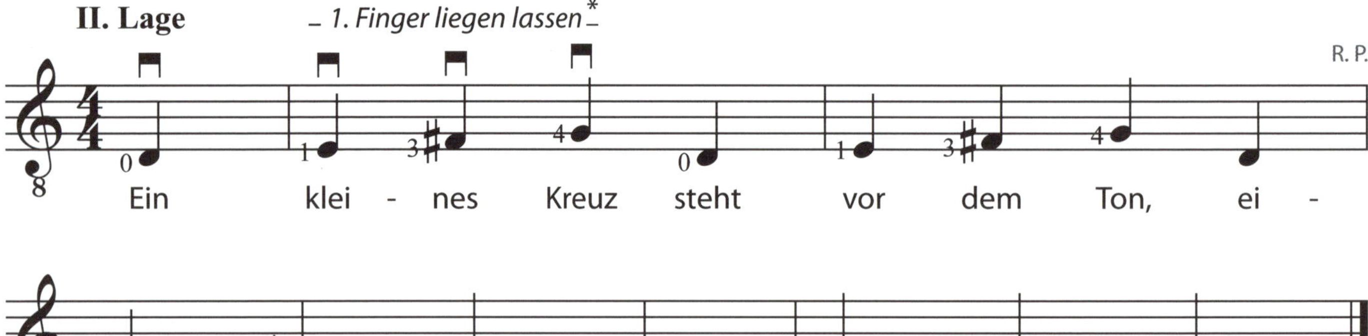

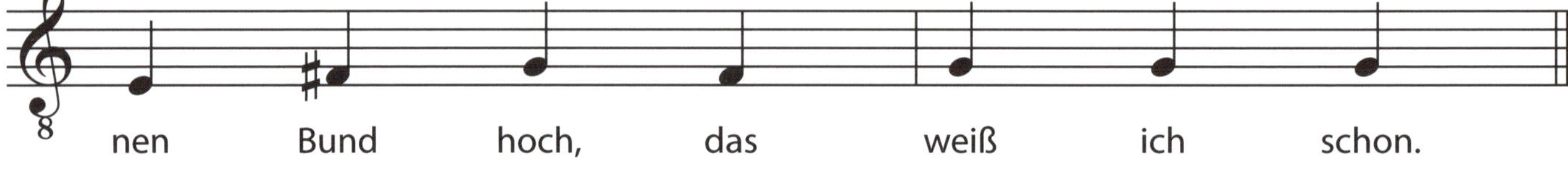

* Der 1. und 3. Finger soll, wenn es von der Streckung möglich ist, liegen bleiben. Der Lehrer kann das hier und bei ähnlichen Stellen entscheiden.

18 Der Floh

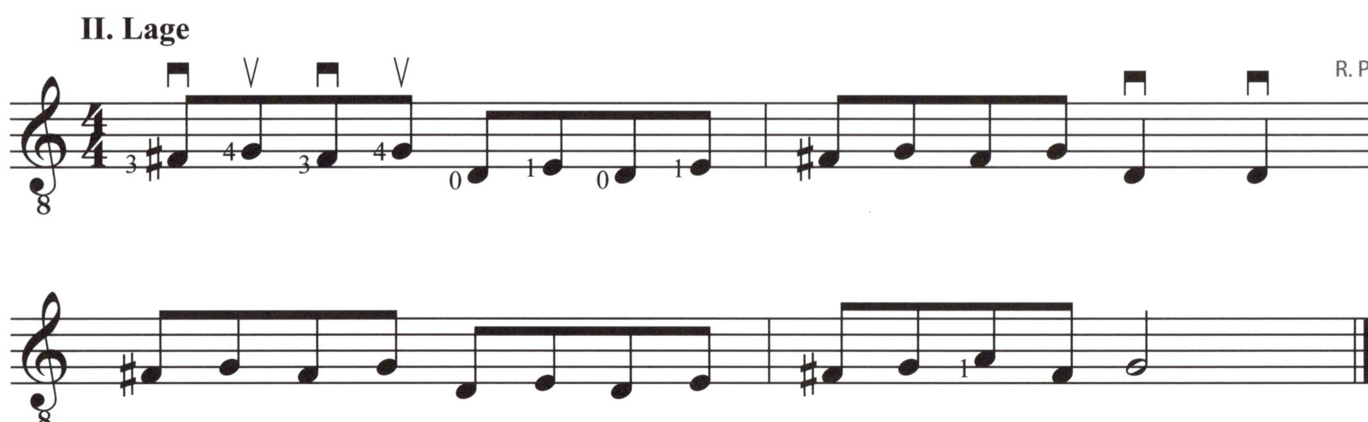

Halbton und Ganzton

Wenn wir auf der E-Gitarre einen Halbton höher spielen wollen, greifen wir einen Bund höher. Für eine Ganzton greifen wir zwei Bünde höher.

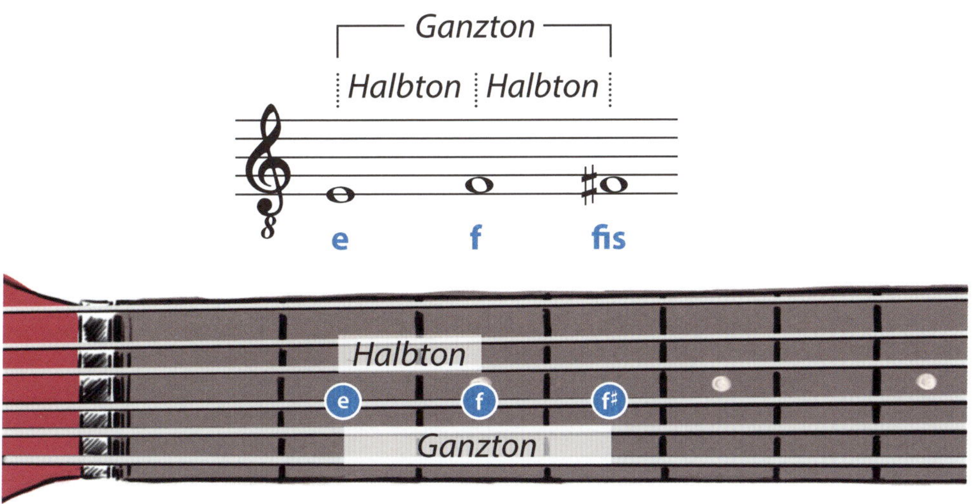

19 Halb oder ganz?

Handelt es sich um einen Halbton- oder um einen Ganztonschritt?
Finde es heraus und schreibe für einen Halbton ein **H**
und für einen Ganzton ein **G** unter die Noten.

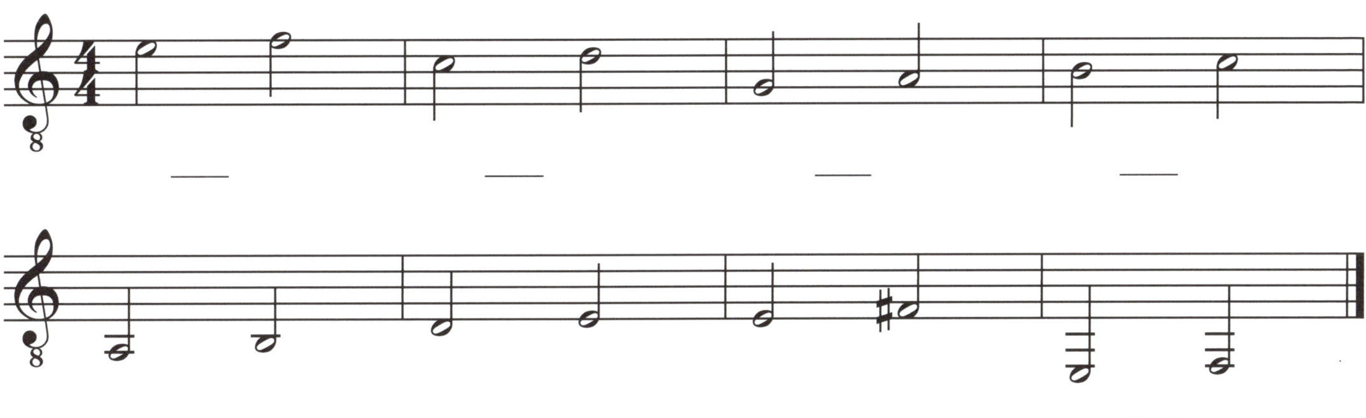

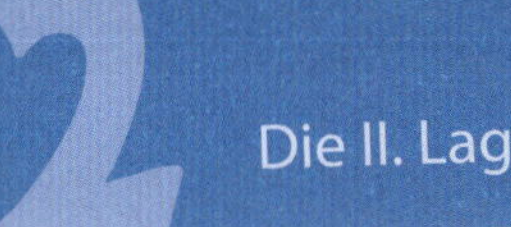

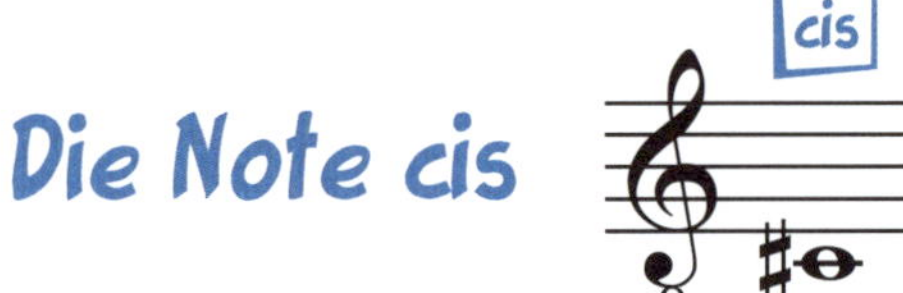

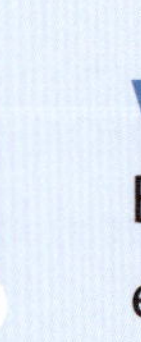

Versetzunszeichen Kreuz (♯)
Bei einem Kreuz hängt man ein „is" an den Notennamen. Aus einem c wird ein cis.

Das cis auf der A-Saite

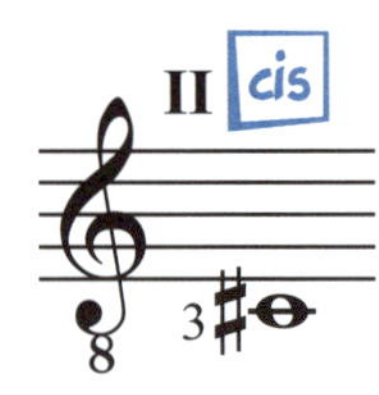

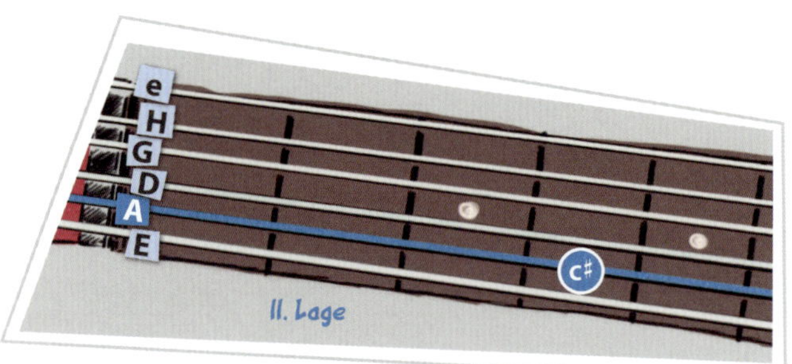

20 Happy Song

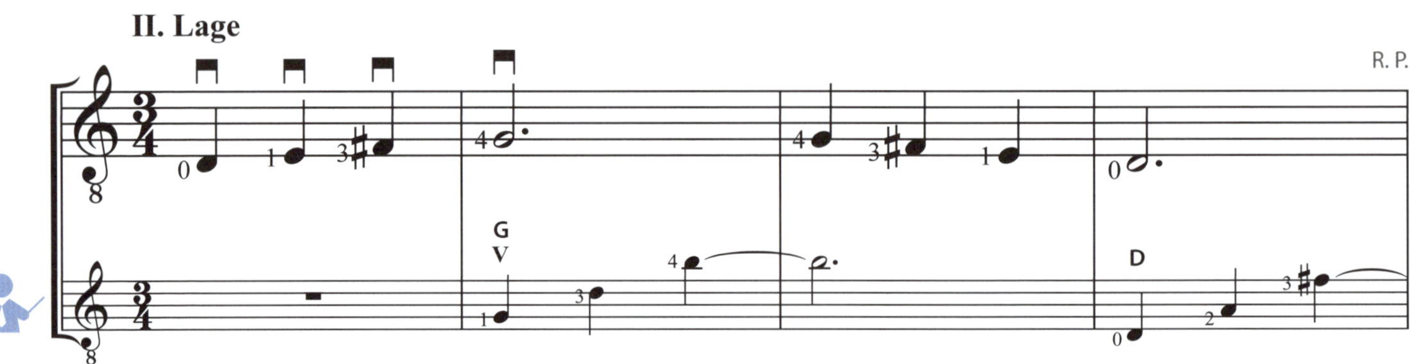

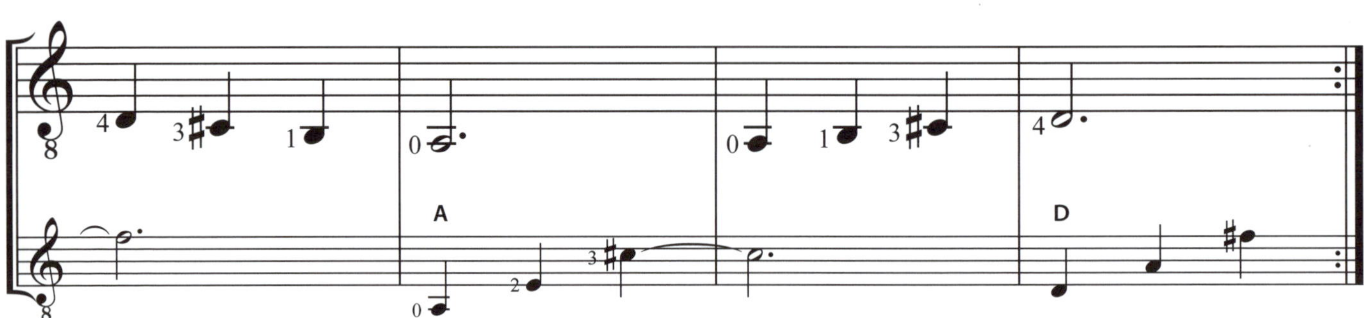

Neue Powerchords und Rock-Riffs

Erweiterte Powerchords

Powerchords kann man verändern, indem man mit dem oberen Ton von der Quinte (5. Stufe) auf die Sexte (6. Stufe) wechselt. Aus A^5 wird dann A^6, aus E^5 wird E^6 und aus D^5 wird D^6.

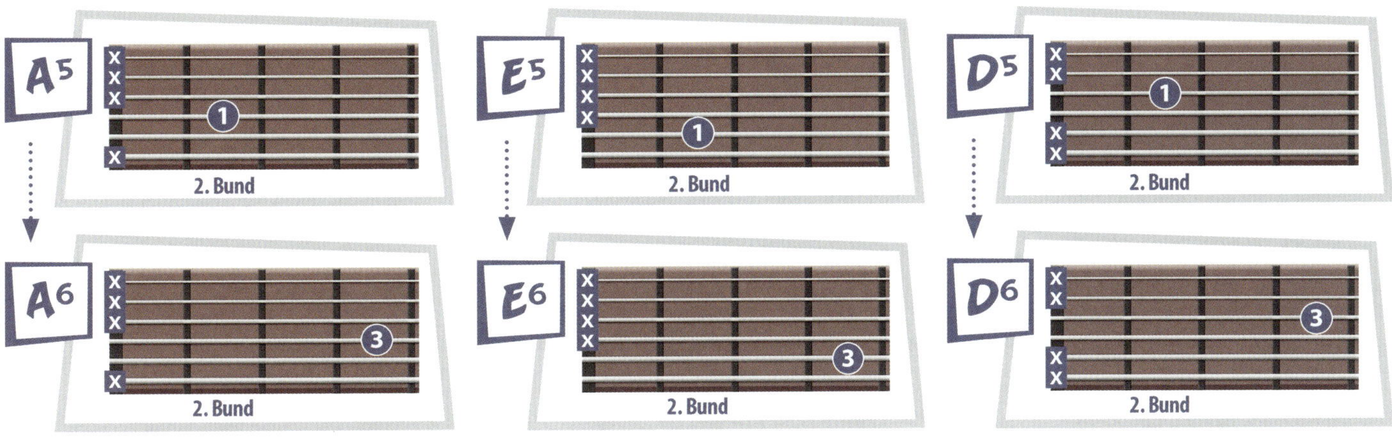

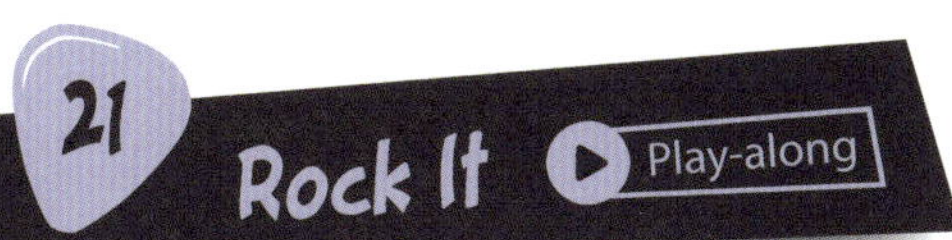

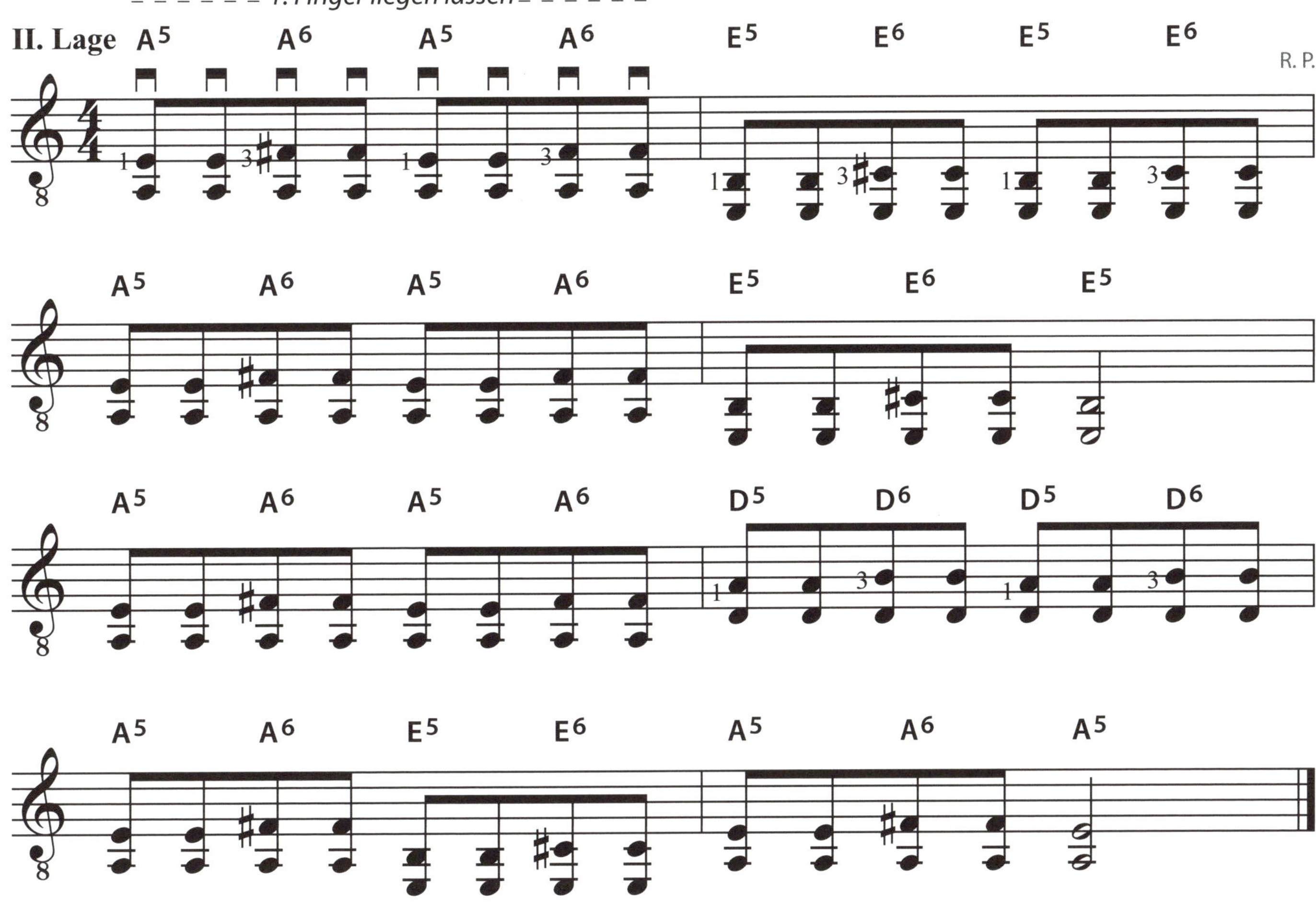

Die Töne auf der E-Saite

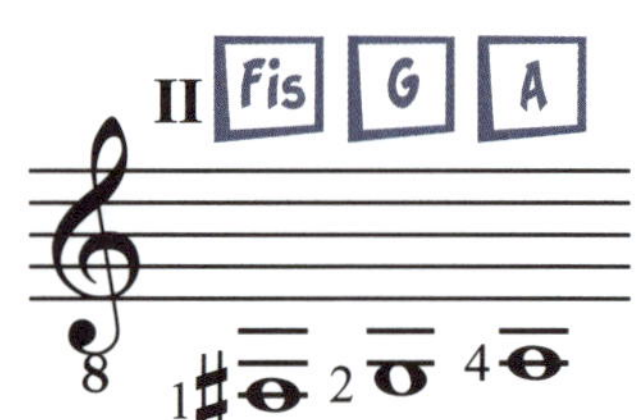

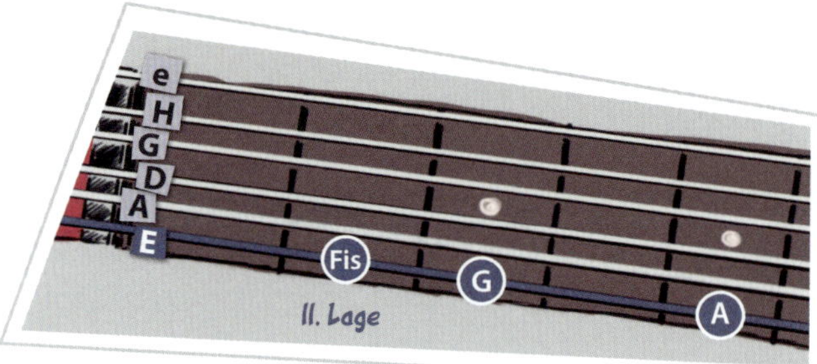

22 Rock-Riff 1

II. Lage

R. P.

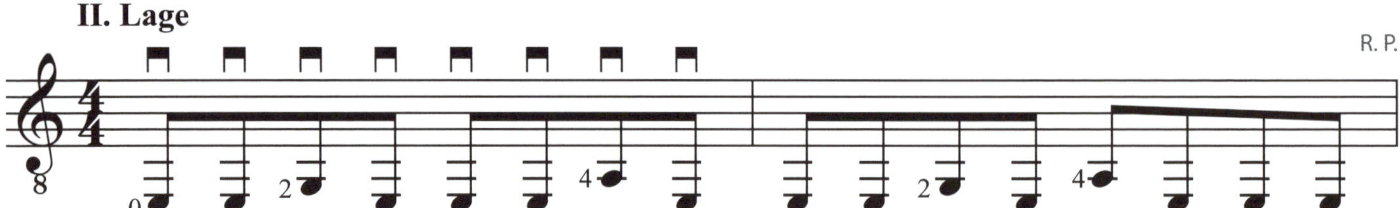

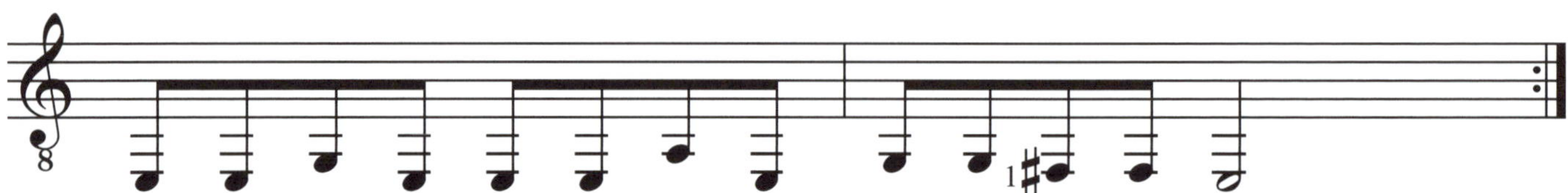

23 Rock-Riff 2

II. Lage

R. P.

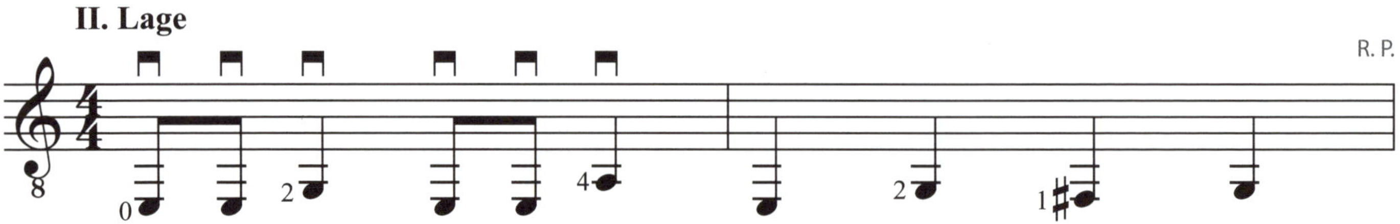

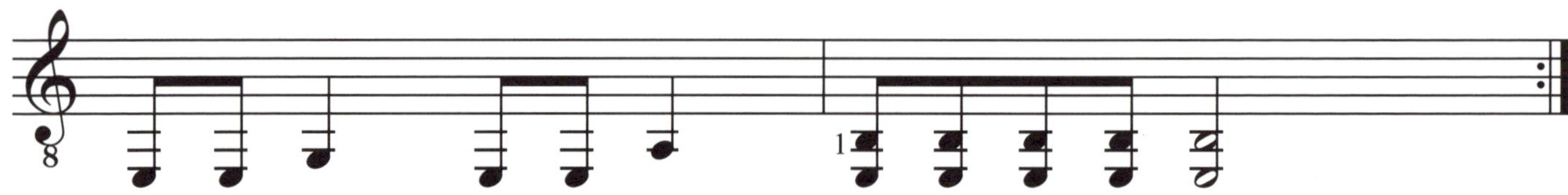

Tipp: Spiele alles mit Abschlag, dann klingt es rockiger.
Probiere es auch einmal mit einem verzerrten Sound. Das klingt super bei diesen beiden Rock-Riffs.

Neue Powerchords

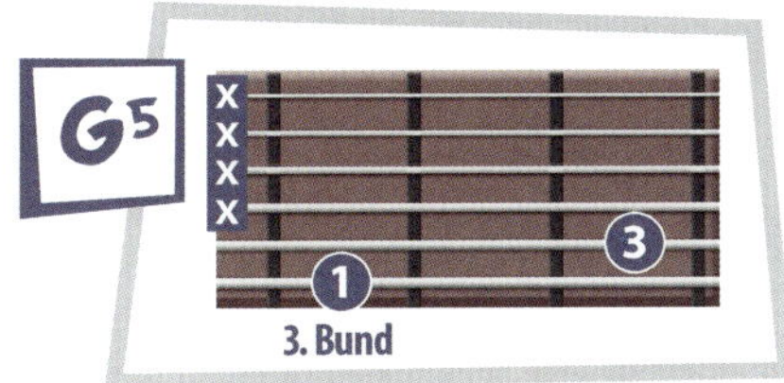

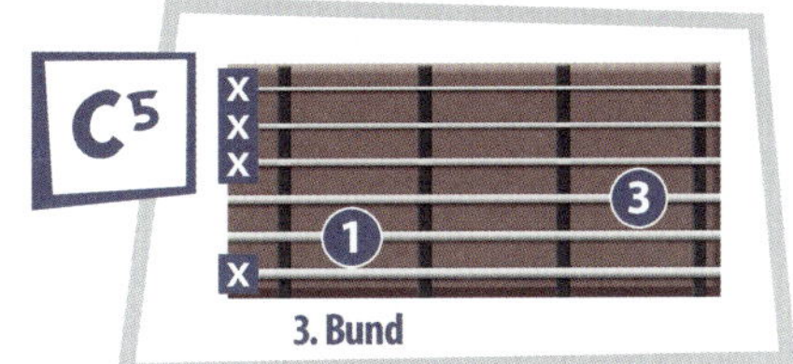

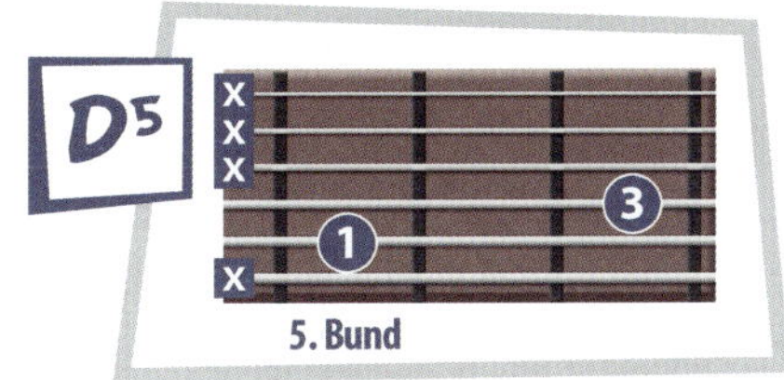

Wir lernen neue Powerchords, die du am 3. und 5. Bund greifst: G^5, C^5 und D^5
Diese Powerchords kann man auf dem Griffbrett verschieben.
Der Powerchord ist immer nach dem Ton benannt, den der erste Finger greift.

24 Power Lift

Den G^5 und den C^5 spielen wir in der **dritten Lage**, der 1. Finger greift am dritten Bund.
Für die dritte Lage steht die römische Zahl Drei (III) über den Noten.
Den D^5 spielen wir in der **fünften Lage**, der 1. Finger greift jetzt am fünften Bund. Deswegen steht hier die römische Zahl Fünf (V) über den Noten.

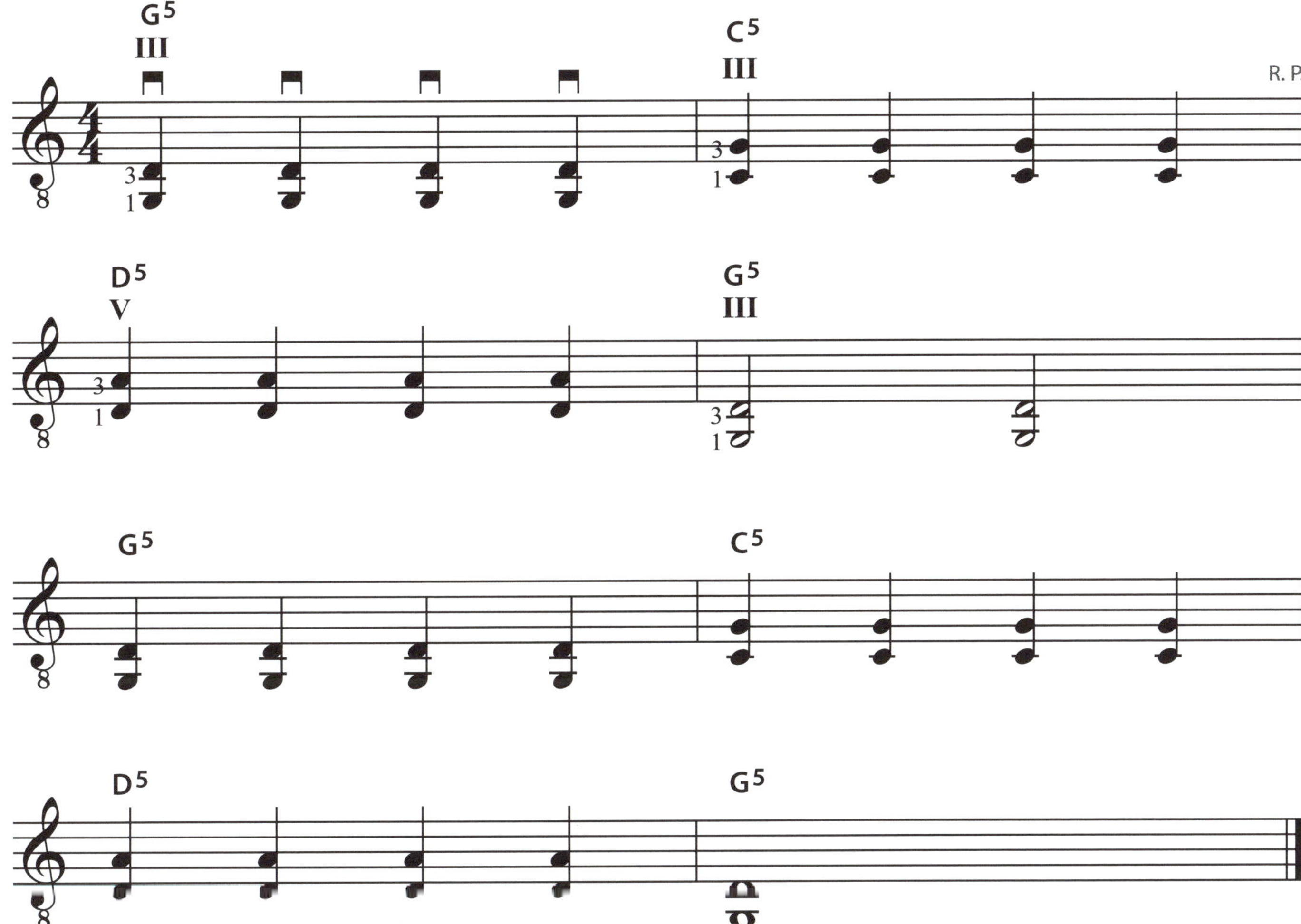

25 Ode an die Freude – mit Powerchords

Play-along

Begleite das Stück mit den neuen Powerchords in Achteln.
Probiere es auch mit einem verzerrten Sound, dann klingt es richtig rockig.

L. v. Beethoven
Arr.: Rue Protzer

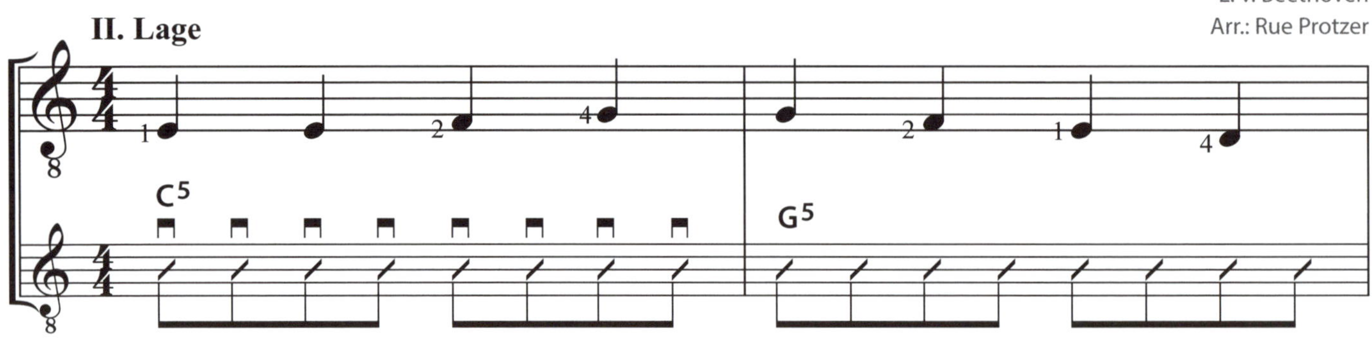

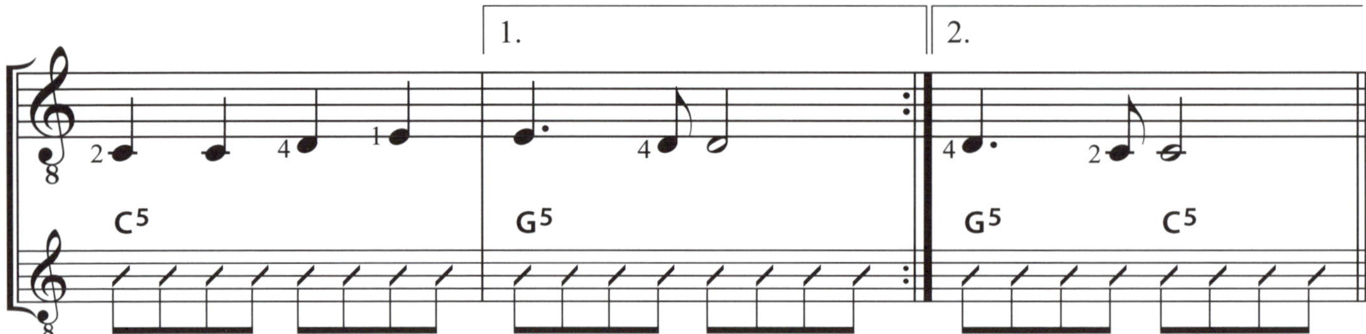

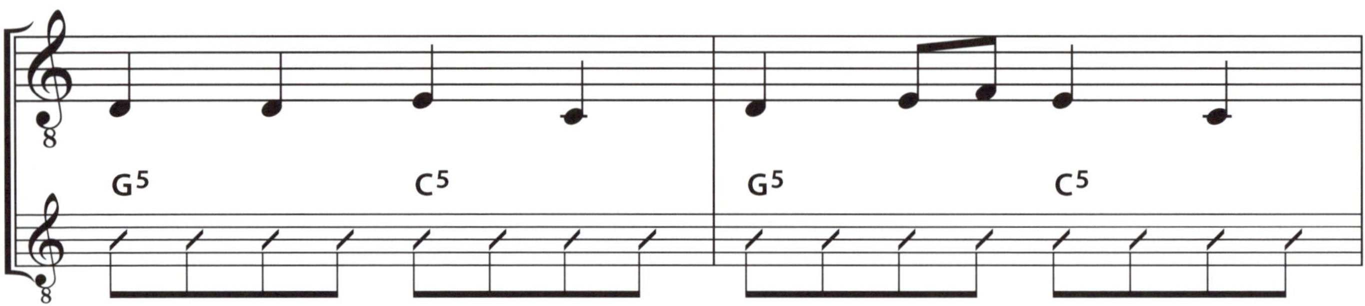

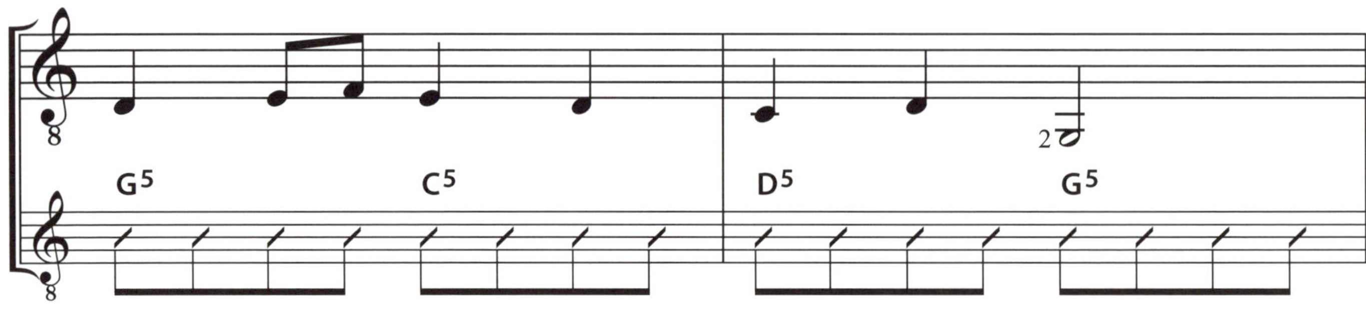

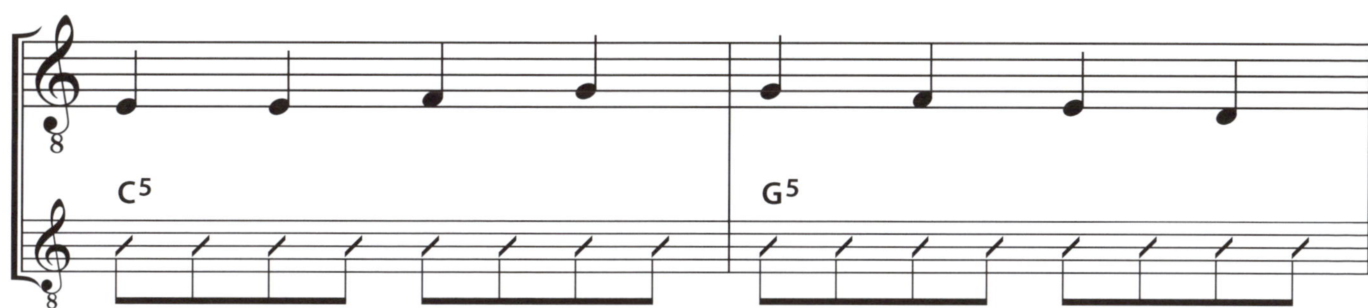

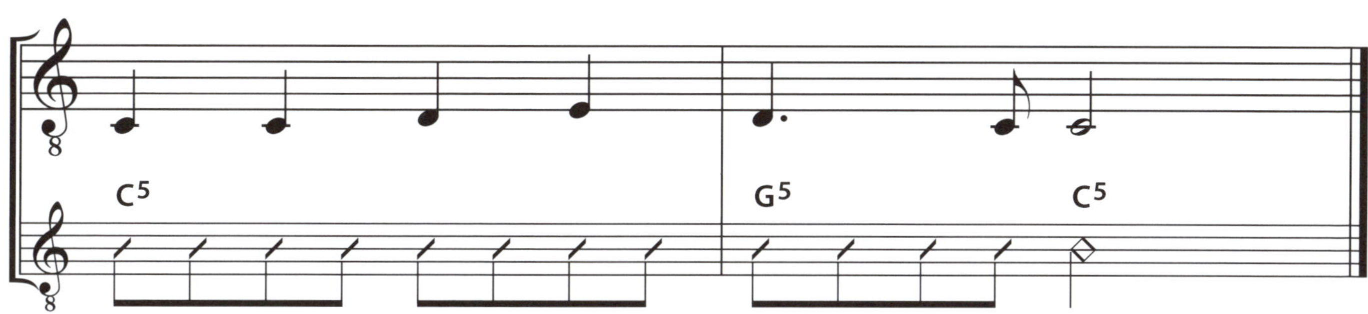

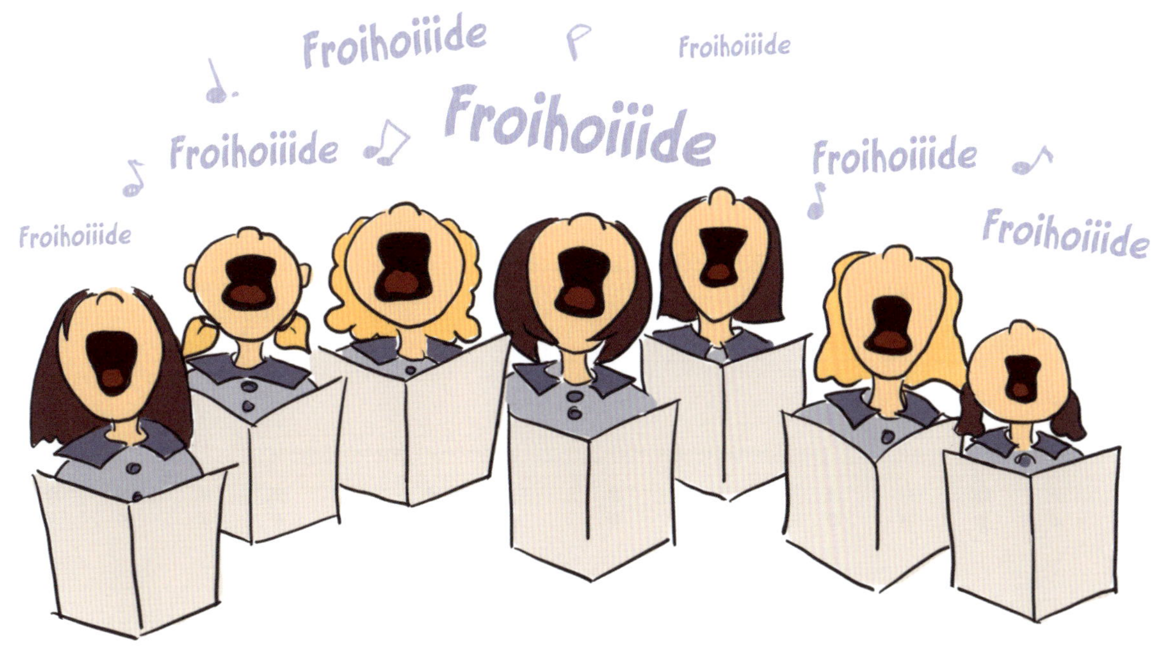

Tipp: Wenn du beim Verzerrt-Spielen Nebengeräusche der anderen Saiten hörst, dämpfe diese mit dem rechten Handballen ab.

YouTube

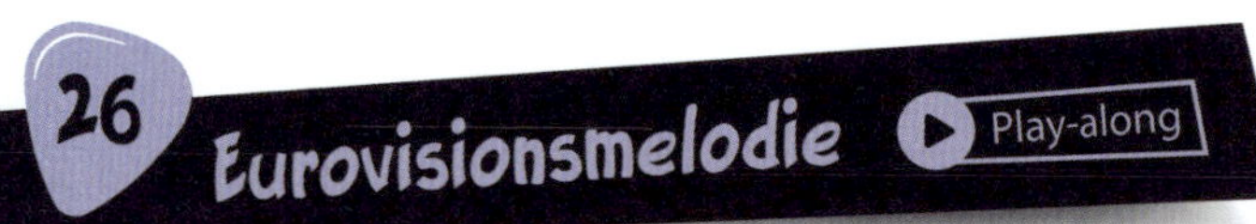

Spiele zuerst die Melodie und danach die Begleitung mit Powerchords.

Dämpfe die Powerchords mit dem rechten Handaballen leicht ab (Palm Mute). Im Schlusstakt lässt du den Akkord klingen.

I. Lage

Marc-Antoine Charpentier

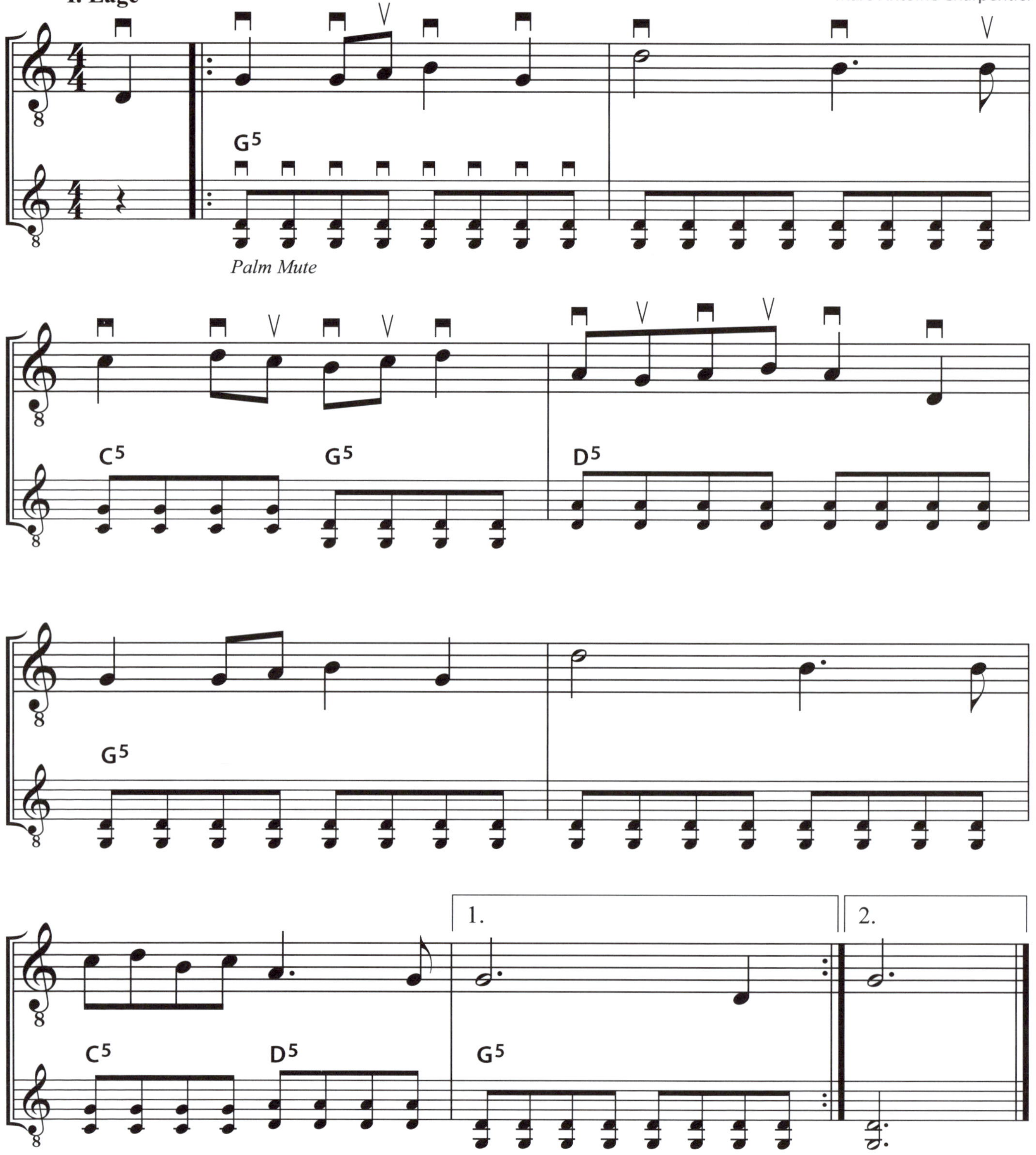

G5

Palm Mute

C5 G5 D5

G5

C5 D5 1. G5 2.

YouTube

Versuche zwei Varianten:

1. Spiele jede Note als Abschlag.
2. Spiele alles im Wechselschlag.

Im letzten Takt greifst du den Em-Akkord.

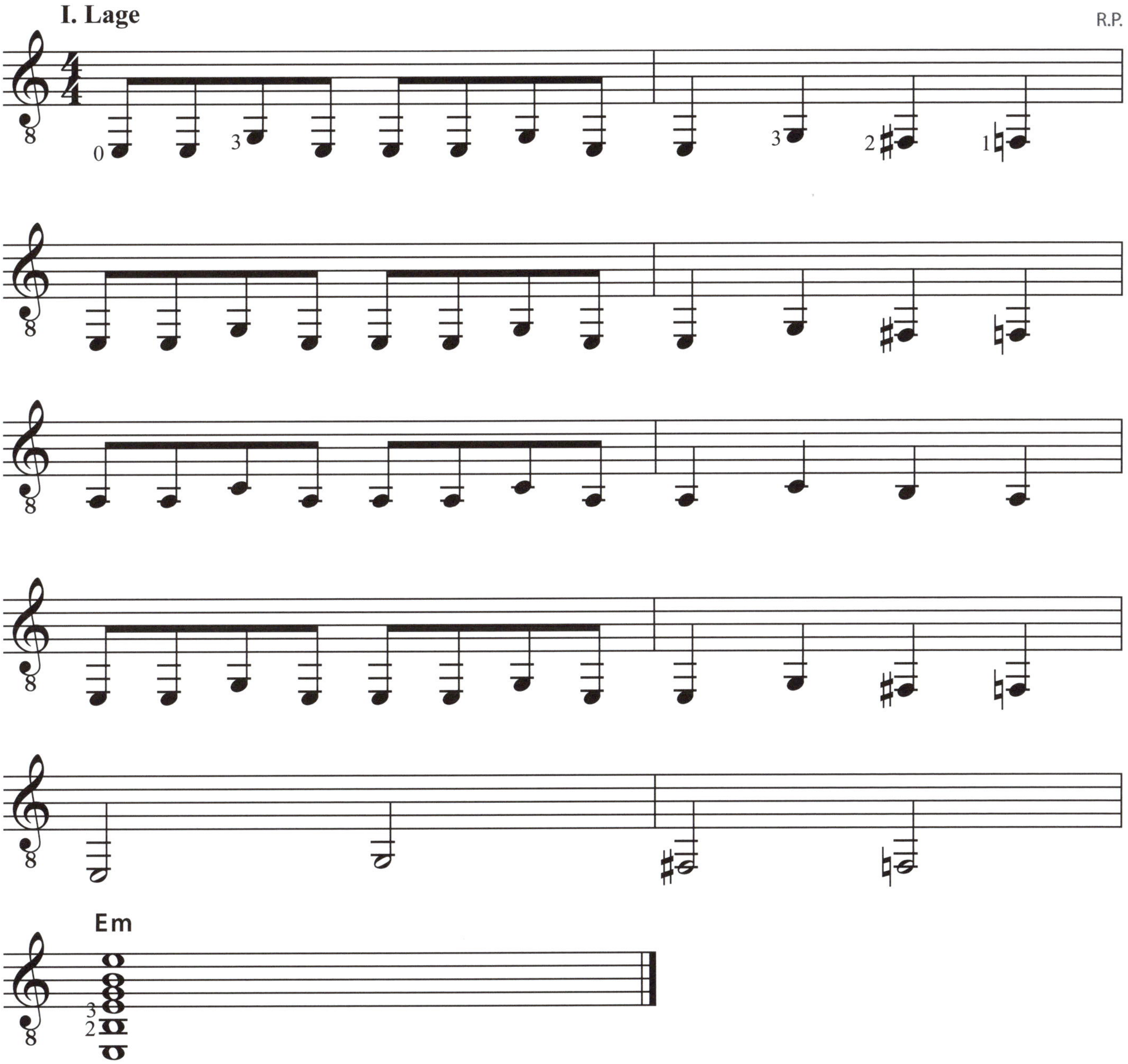

I. Lage

R.P.

Em

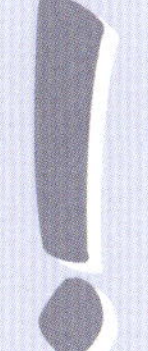

Das Auflösungszeichen (♮)
Versetzungszeichen werden durch das Auflösungszeichen (♮) aufgehoben. Ein f♯ wird dann wieder zum f.

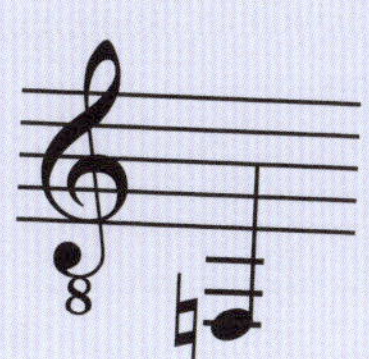

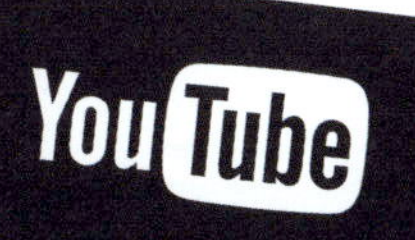

Das Versetzungszeichen ♭

Die Note B

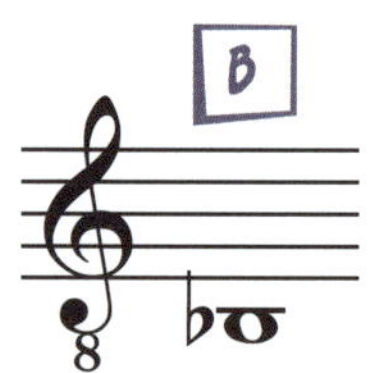

Steht ein ♭ vor einer Note, wird diese um einen Halbton erniedrigt.
Aus einem H wird ein B.
Achtung: Das ♭ gilt nur bis zum nächsten Taktstrich.

Das B auf der A-Saite

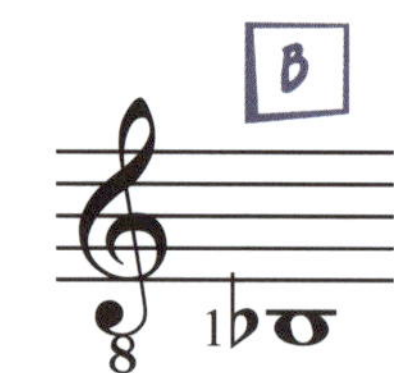

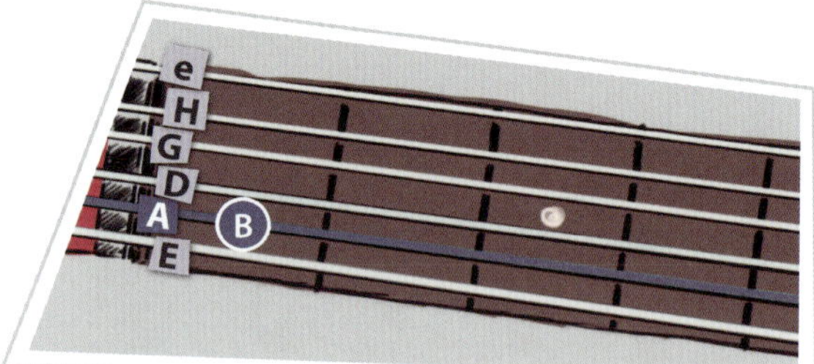

28 Die Aliens sind da

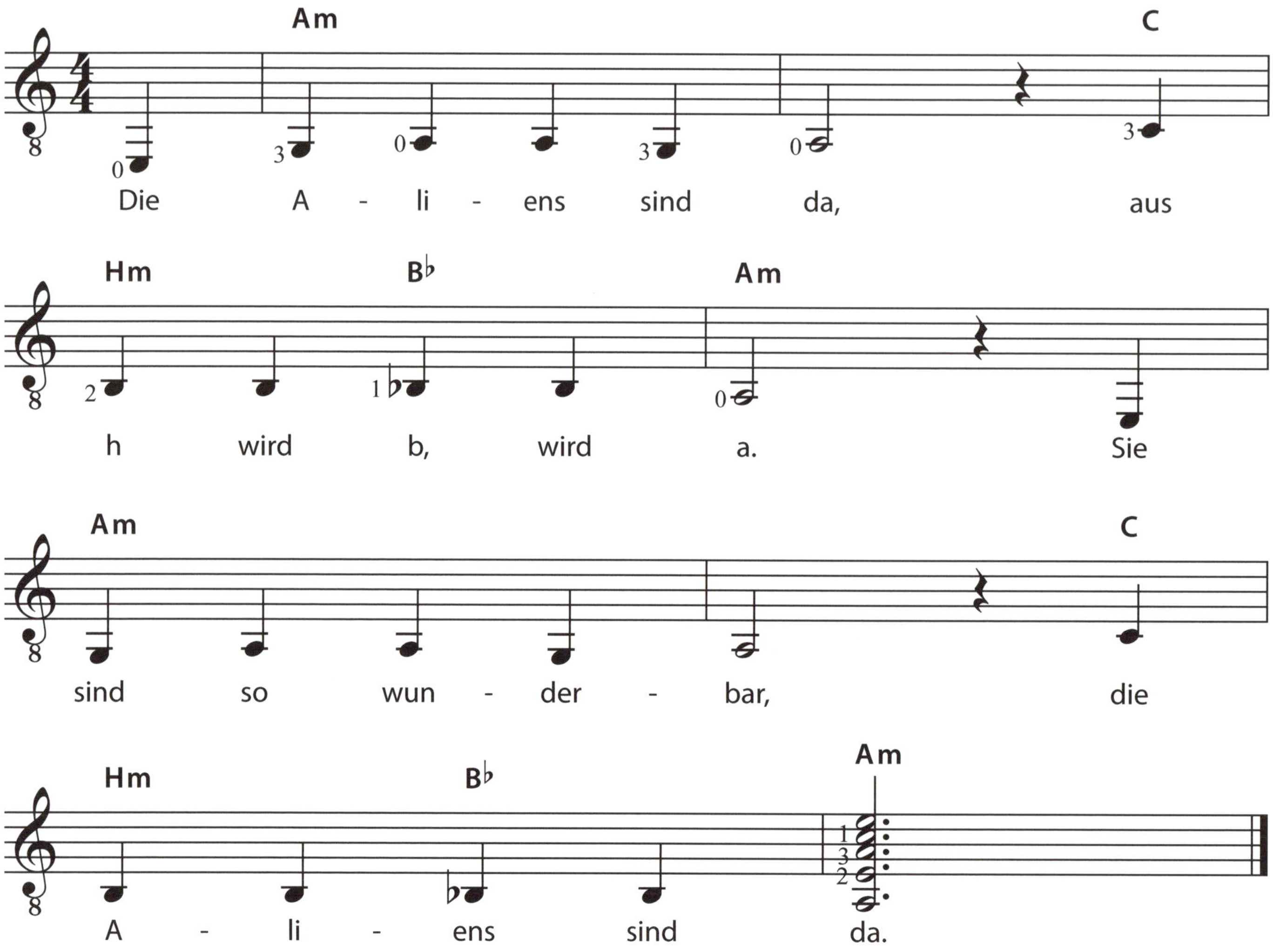

Am C
Die A - li - ens sind da, aus

Hm B♭ Am
h wird b, wird a. Sie

Am C
sind so wun - der - bar, die

Hm B♭ Am
A - li - ens sind da.

Versetzungszeichen ♭

Bei einem ♭ hängt man ein „es“ oder „s“ an den Notennamen.

Ausnahme: Aus h wird b.

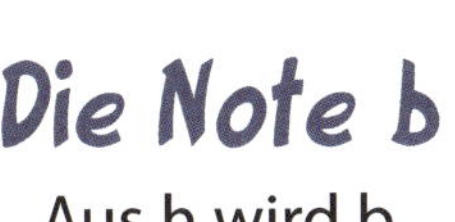

Aus h wird b.

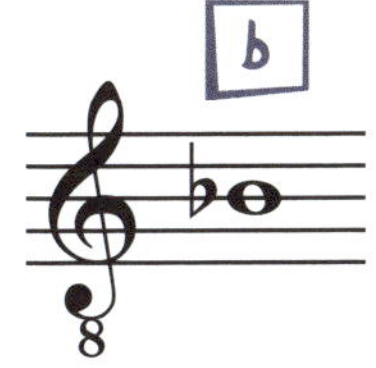

Die Note as

Aus a wird as.

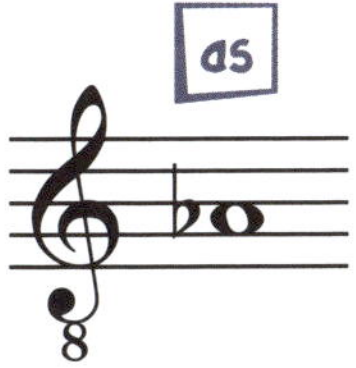

Das b und das as auf der G-Saite

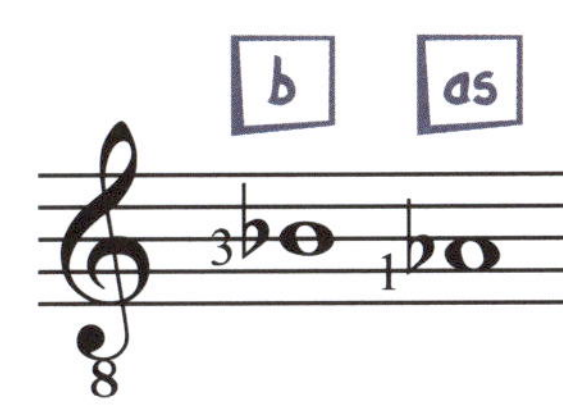

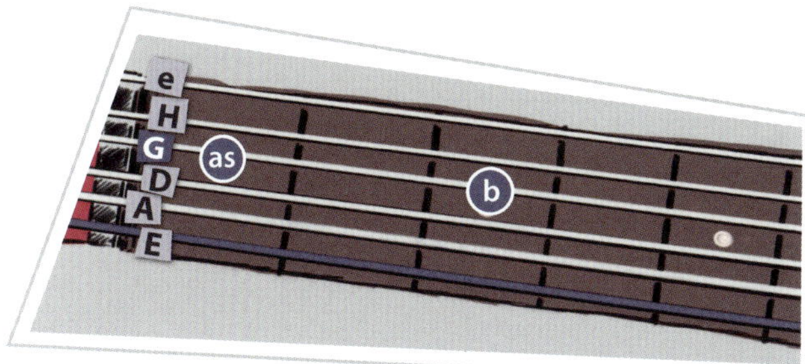

29 Schattenspiel

R. P.

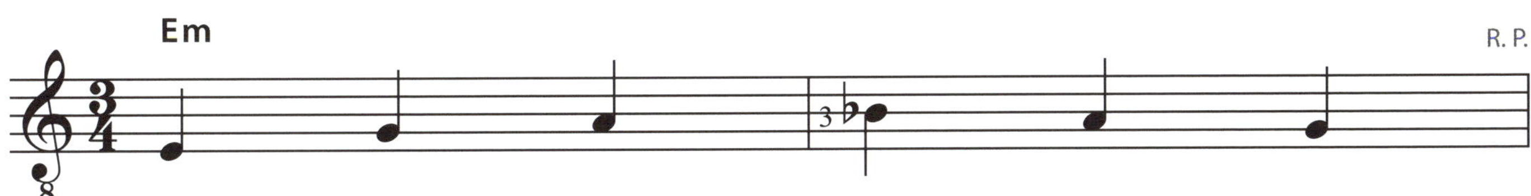

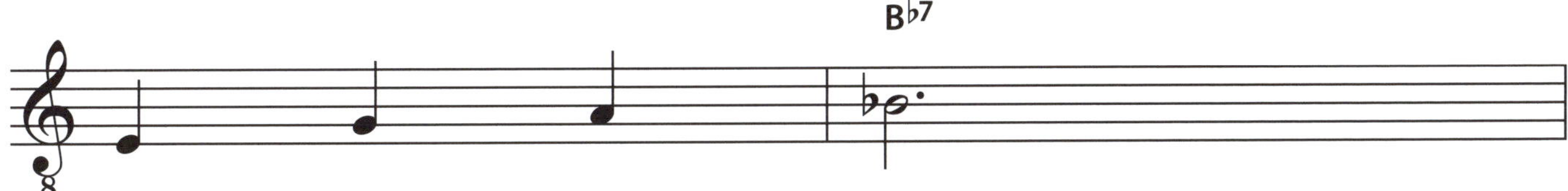

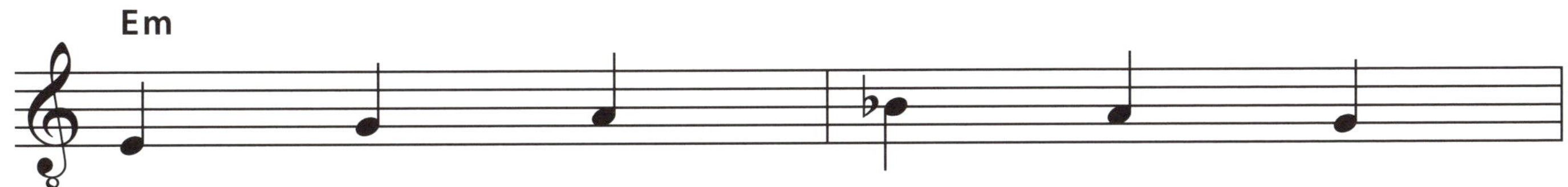

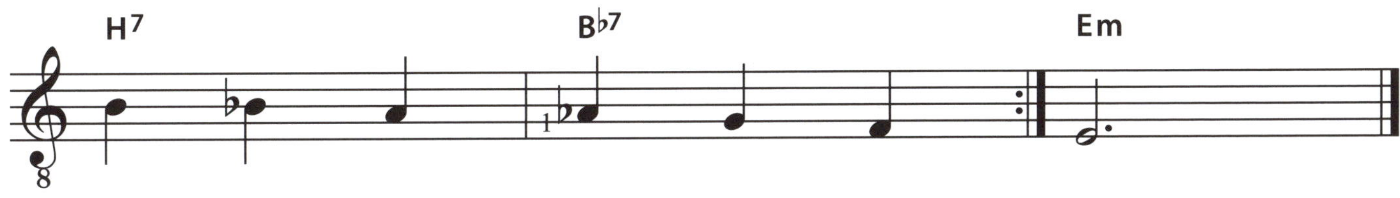

Übersicht der Noten mit Versetzungszeichen

Nachfolgend findest du eine Aufstellung aller Töne mit Versetzungszeichen.
Unter den Noten steht, wie der Ton mit einem Versetzungszeichen heißt.

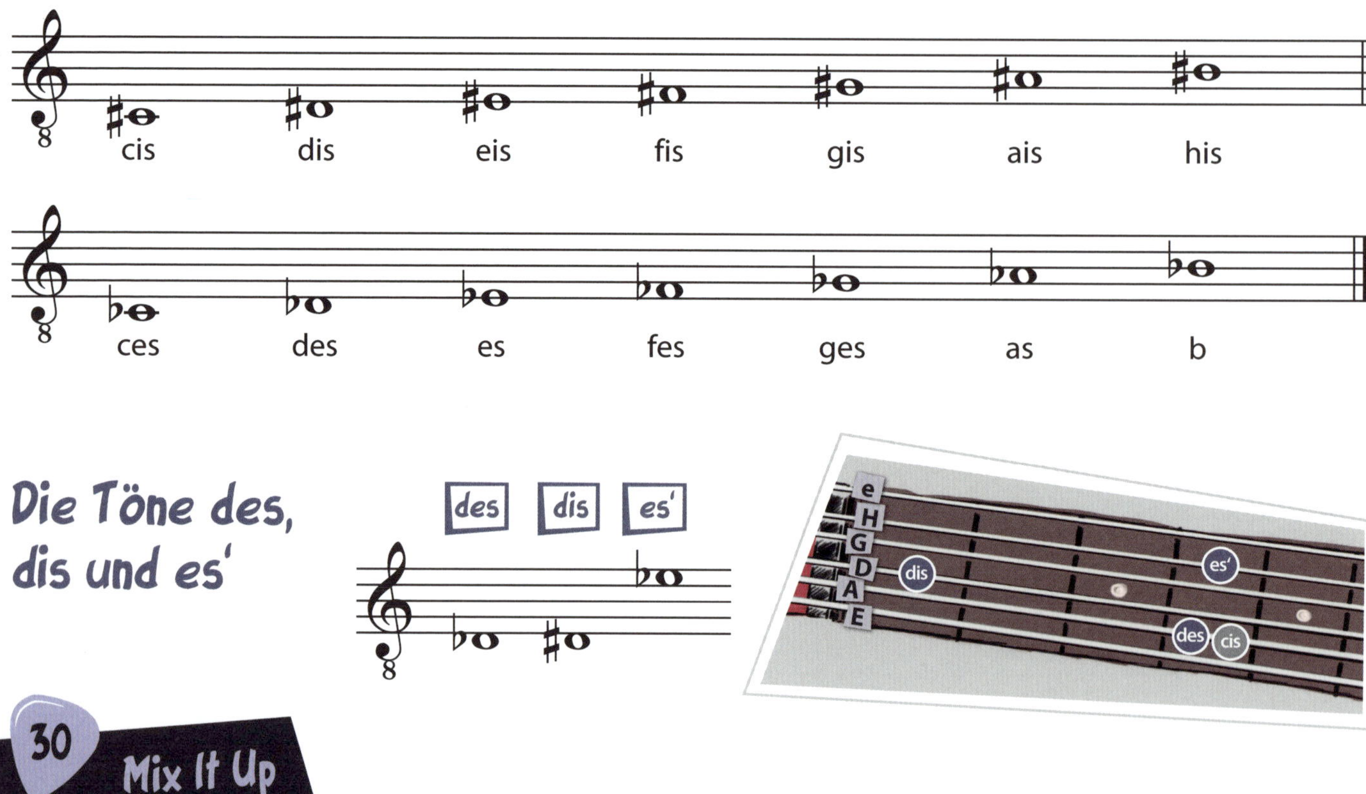

Die Töne des, dis und es'

30 Mix It Up

Jetzt mischen wir die Versetzungszeichen ♯ und ♭ durcheinander.

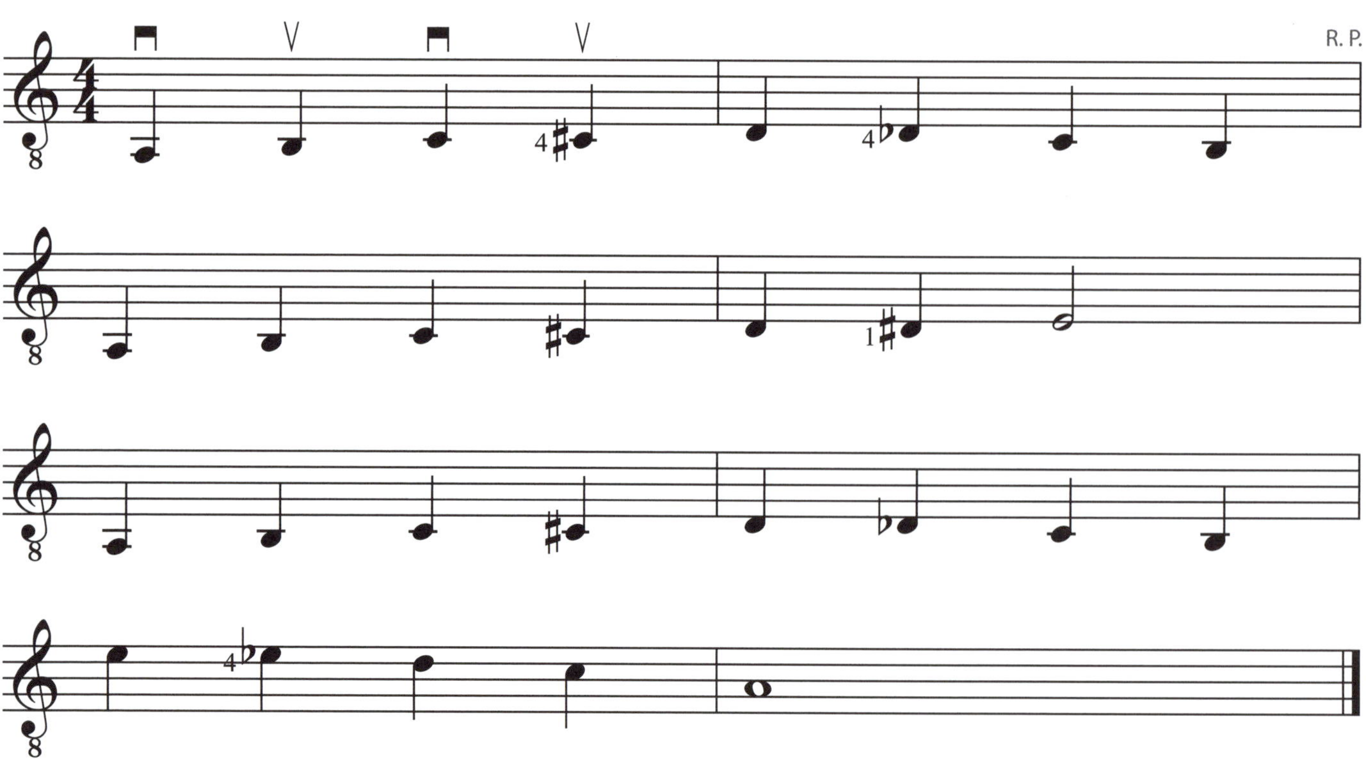

4 Neue Akkorde und neue Töne

C-Dur

Jetzt lernst du den C-Dur-Akkord vollständig zu greifen.

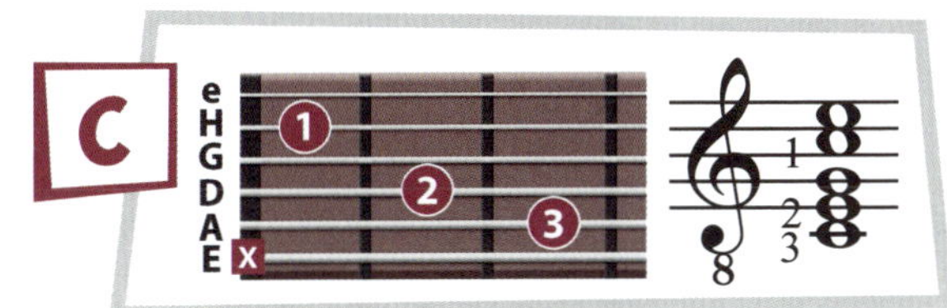

31 C-Dur-Ballade

Denk dran: Bei Akkorden werden nicht immer alle Basssaiten angeschlagen. Schlage den C-Dur- und den Am-Akkord ab der A-Saite an. Den Em-Akkord schlägst du ab der tiefen E-Saite an.

Ab Takt 5 werden die Akkordtöne nacheinander gespielt. Greife den Akkord aber immer schon am Anfang des Taktes.

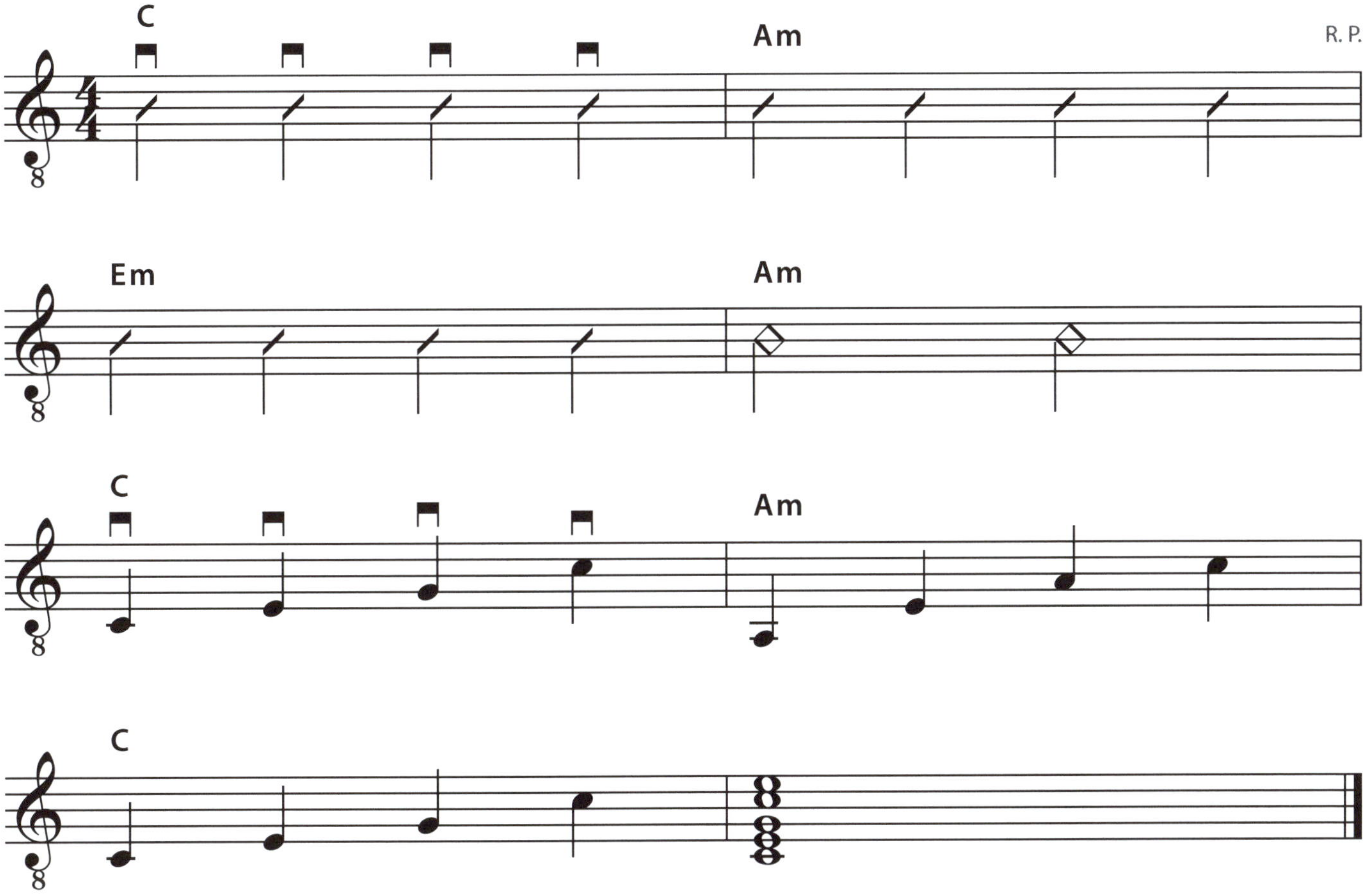

C Am R. P.

Em Am

C Am

C

Tipp: Lass beim Wechsel von C-Dur auf A-Moll den 1. und 2. Finger liegen.

G-Dur

Jetzt lernen wir den G-Dur-Akkord vollständig zu greifen. Schlage mit dem Plektrum ab der tiefen E-Saite an.

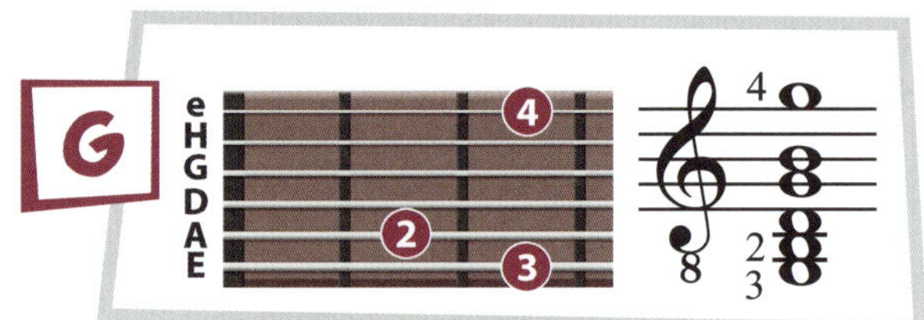

32 Akkordübung

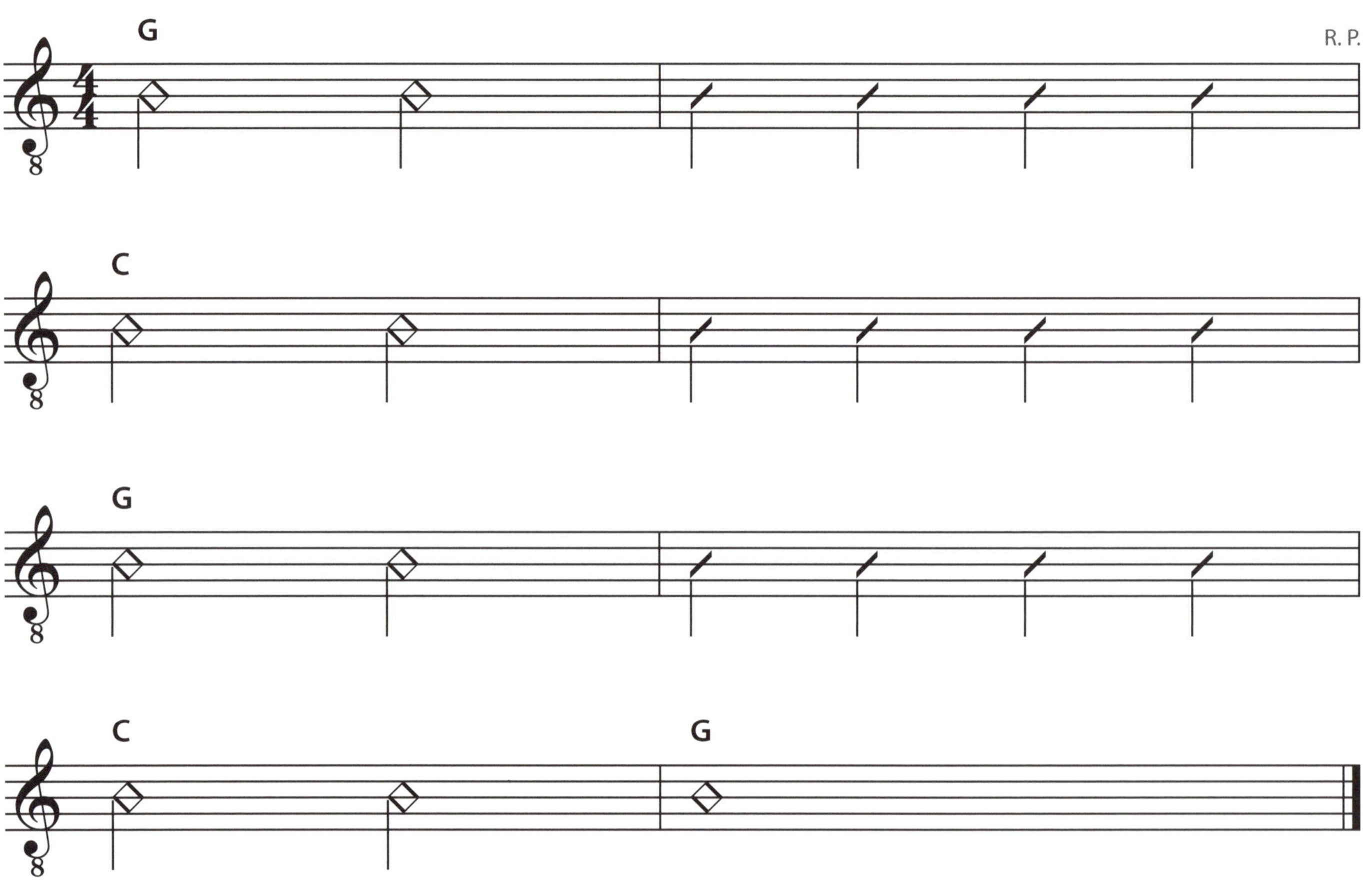

Tipp: Sei geduldig,
der G-Dur ist schwer zu greifen.
Spiele die Übung mehrmals am Tag, dann
wird es bald klappen!

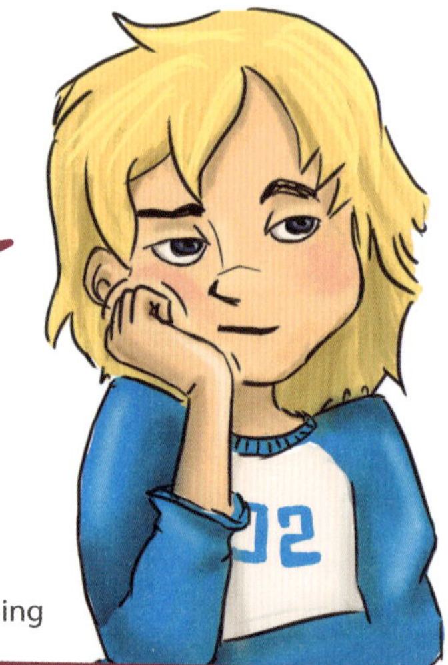

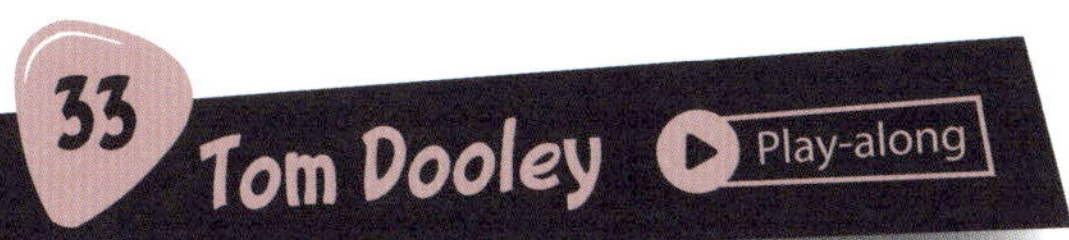

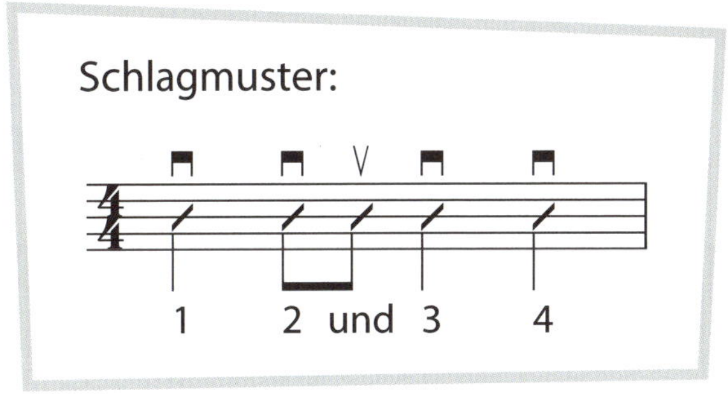

Diesen Song kennst du aus dem ersten Band.
Jetzt lernst du die Begleitung mit Akkorden.

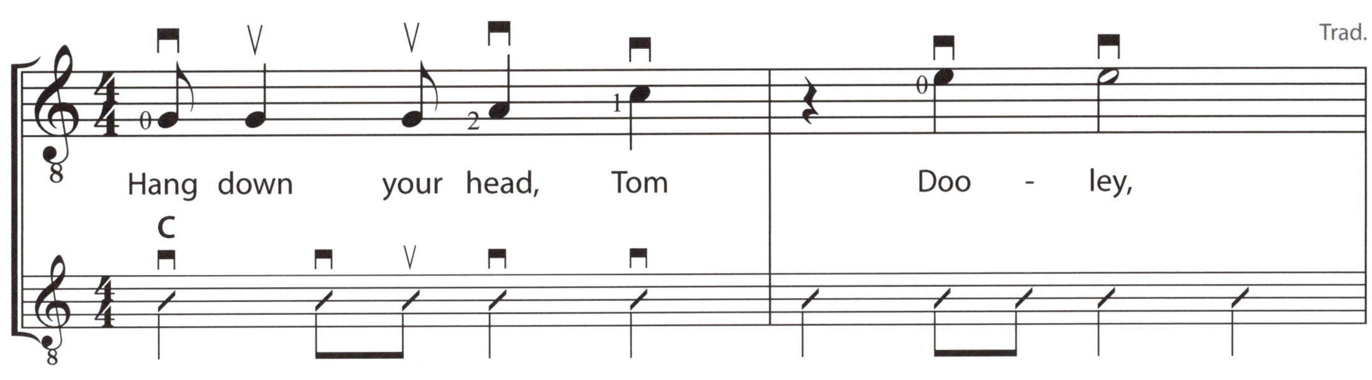

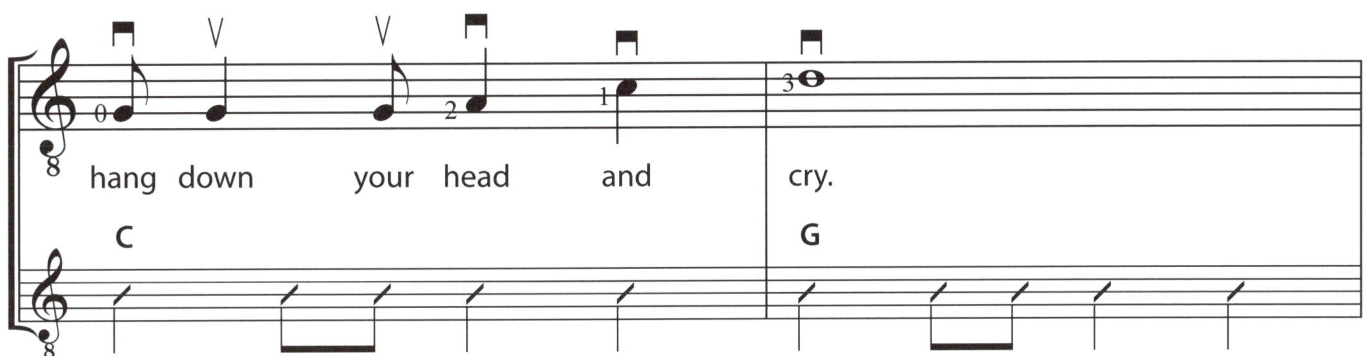

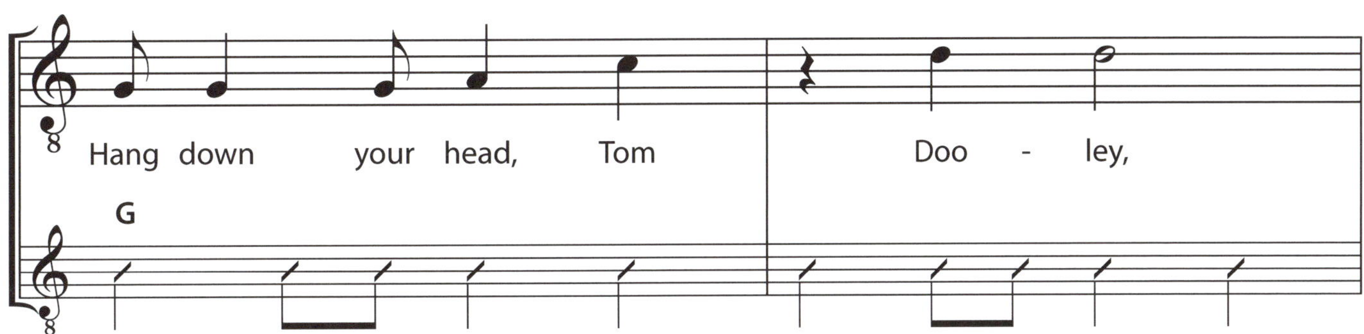

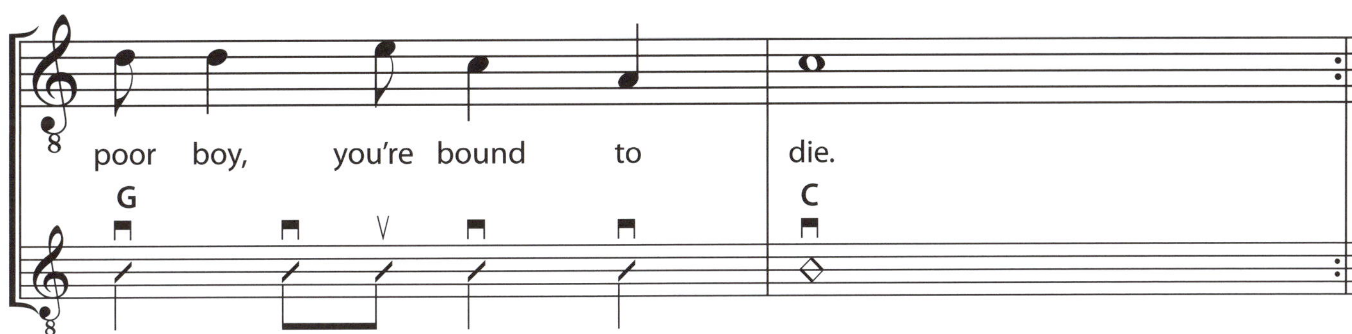

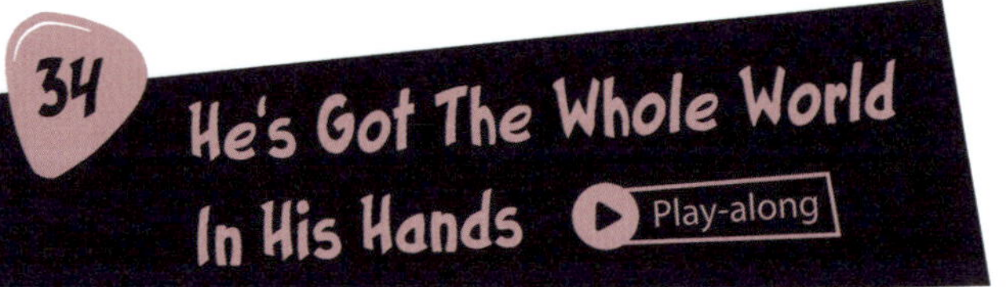

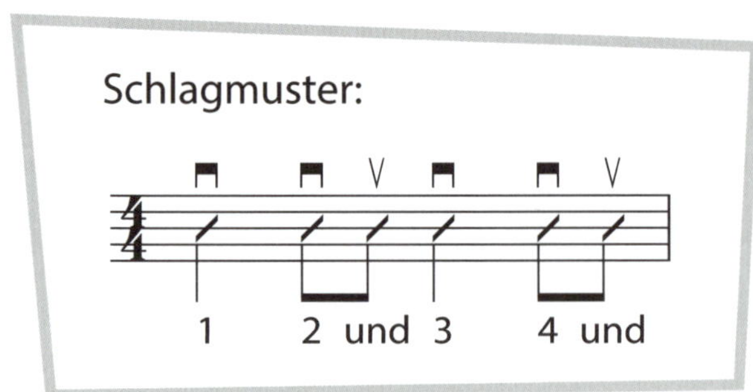

Noch ein Song mit C-Dur und G-Dur.
Begleite den Song mit dem neuen Schlagmuster und singe dazu.

Traditional

1. Strophe

C
He's got the whole world in His hands,
G
He's got the great big world in His hands,
C
He's got the whole world in His hands,
G C
He's got the whole world in His hands.

2. Strophe

C
He's got the wind and the rain right in His hands,
G
He's got the sky and the moon in His hands,
C
He's got the wind and the rain in His hands,
G C
He's got the whole world in His hands.

3. Strophe

C
He's got my brothers and my sisters in His hands,
G
He's got my brothers and my sisters in His hands,
C
He's got my brothers and my sisters in His hands,
G C
He's got the whole world in His hands.

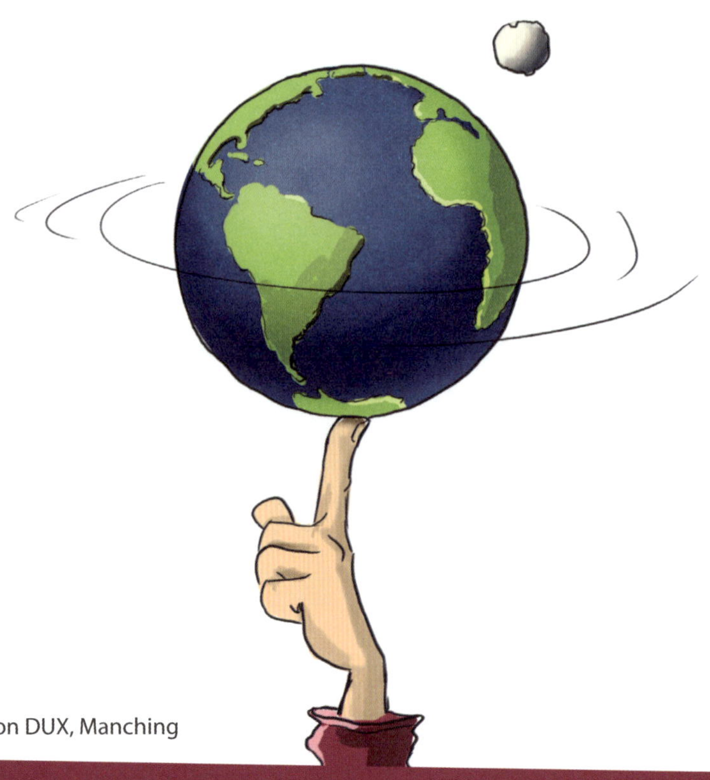

Die Töne der H- und e-Saite in der II. Lage

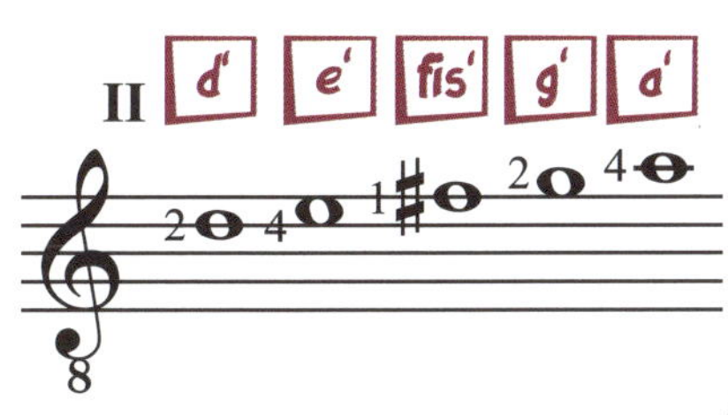

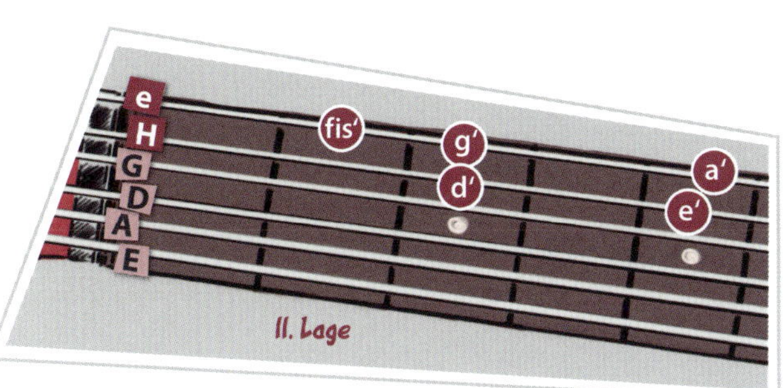

35 Get Up!

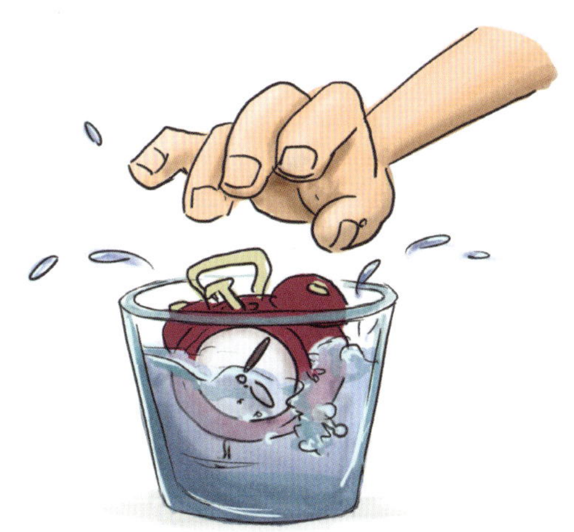

In diesem Stück lernst du die Töne der II. Lage auf der hohen e-Saite und auf der H-Saite kennen.

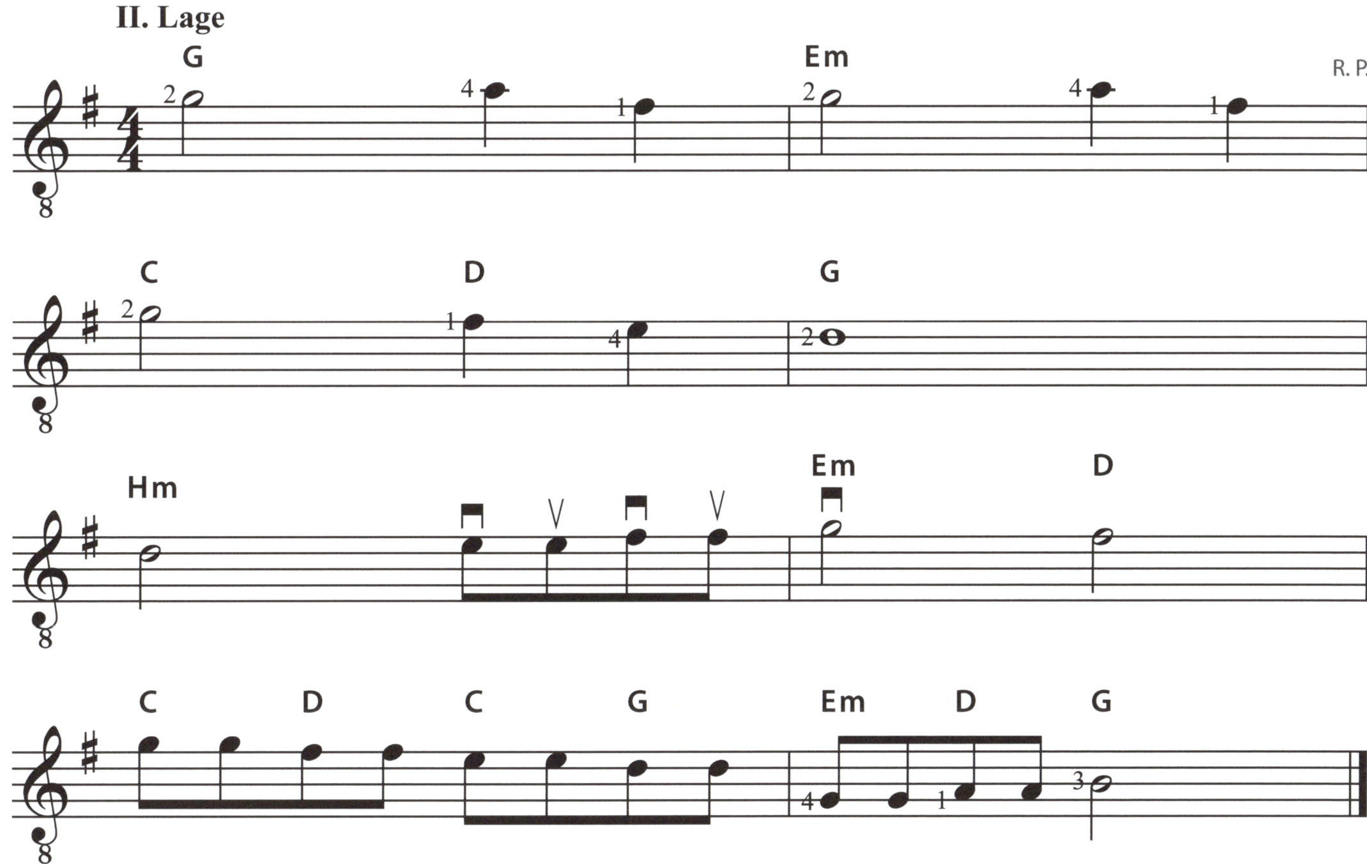

Das cis' auf der H-Saite

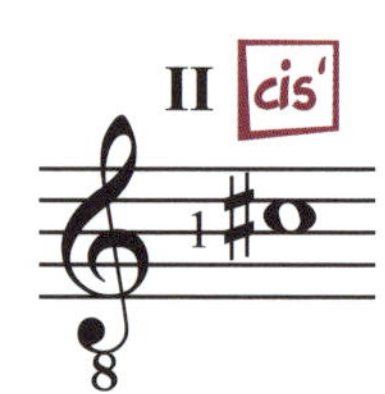

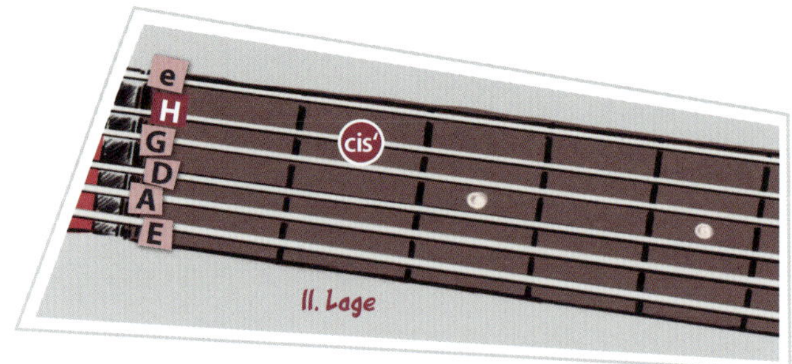

Wir lernen den neuen Ton cis' in der zweiten Lage auf der H-Saite.
Das cis' wird mit dem 1. Finger gegriffen und ist einen Bund höher als das c'.

36 Helikopter

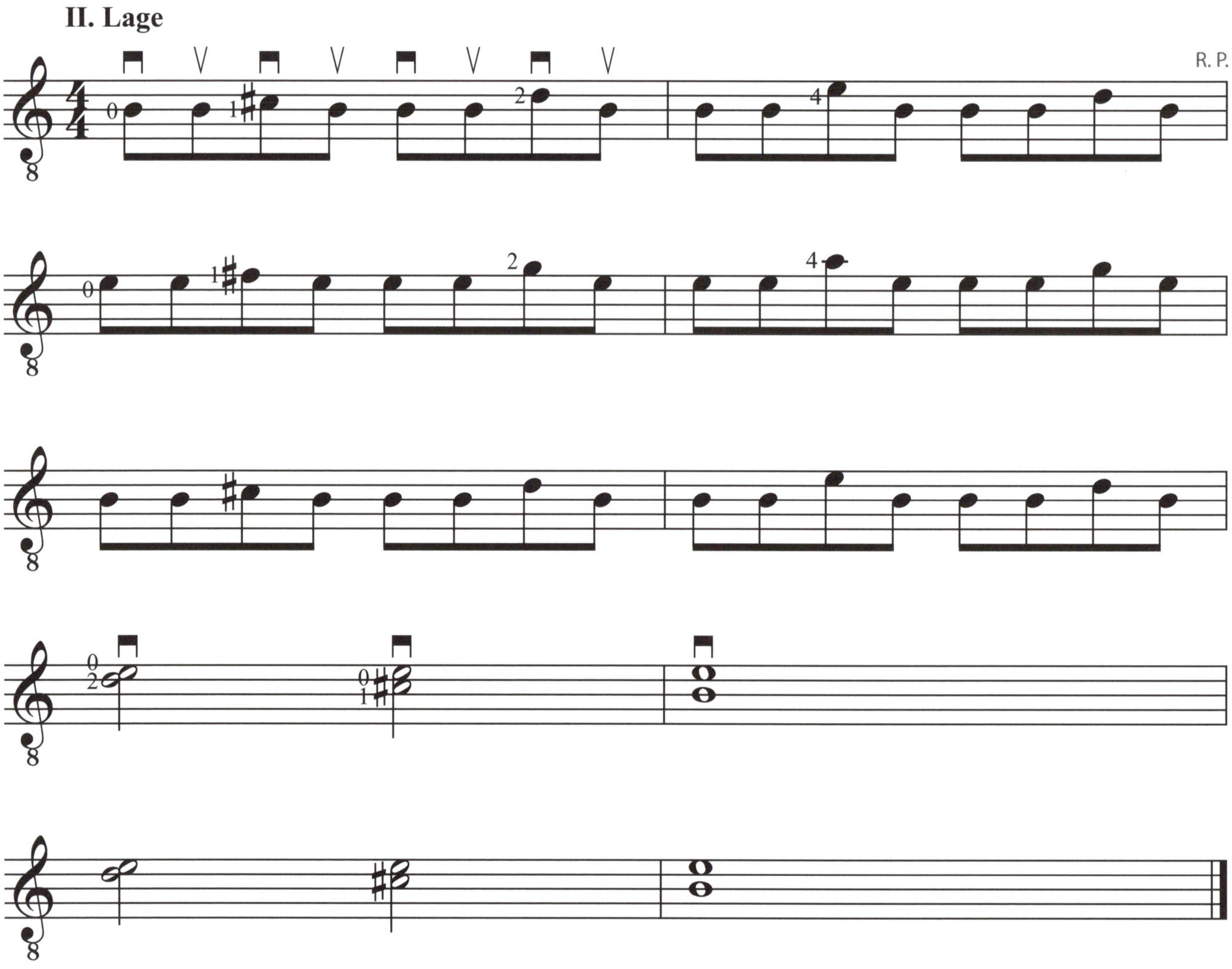

II. Lage

R. P.

D-Dur

Unser neuer Akkord heißt D-Dur.
Schlage mit dem Plektrum ab der D-Saite an.
Die tiefe E-Saite und die A-Saite soll man nicht hören!

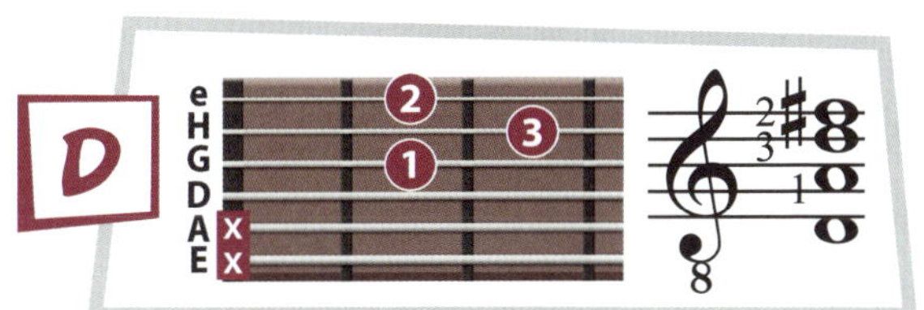

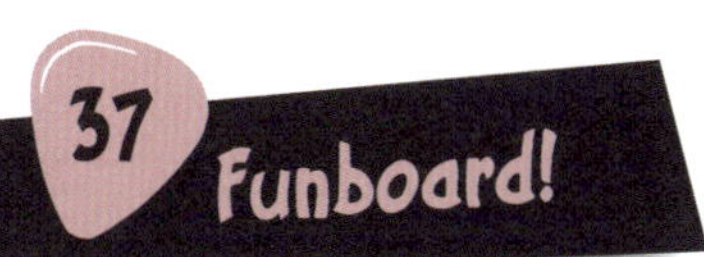

Zur Erinnerung: Bei Akkorden werden nicht immer alle Basssaiten angeschlagen.
Den C-Dur-Akkord und den A-Moll-Akkord schlägst du von der A-Saite an.
Bei G-Dur werden alle 6 Saiten gespielt.

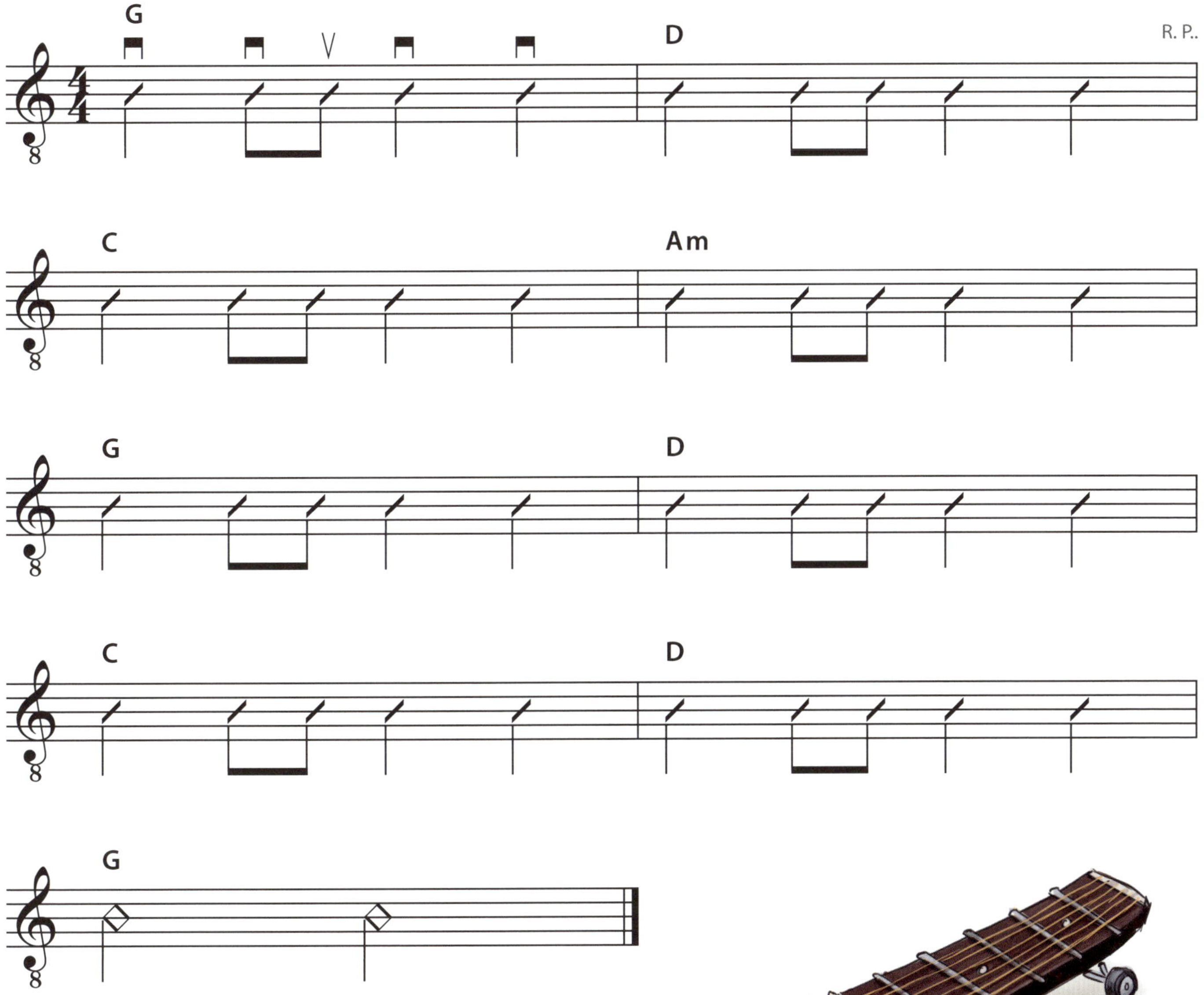

R. P..

G | D | C | Am | G | D | C | D | G

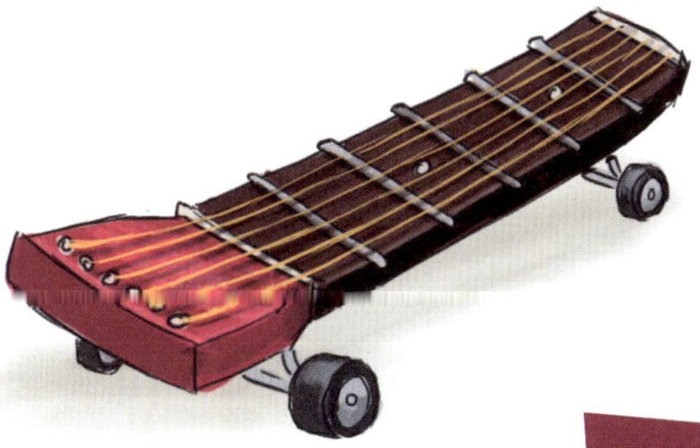

38 Let It Be

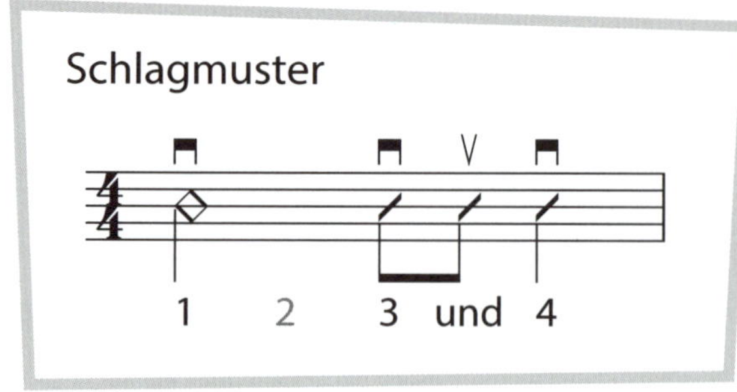

Dieser Song ist ein Klassiker der Band „The Beatles“. Spiele zuerst die Melodie. Singe anschließend den Song und spiele die Begleitung dazu.

Text & Musik: John Lennon / Paul McCartney

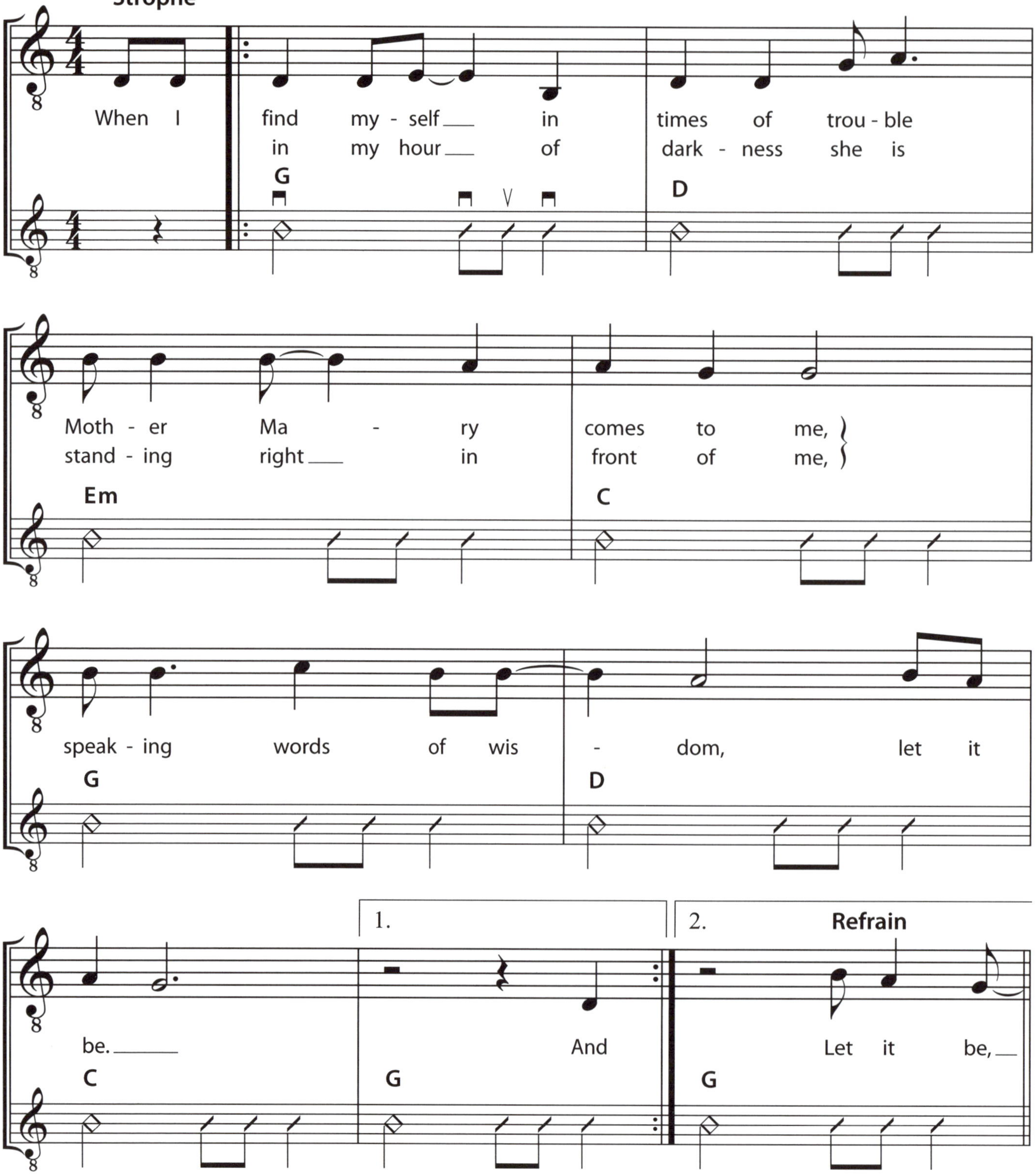

Strophe

When I | find my - self __ in | times of trou - ble
in my hour __ of | dark - ness she is

G | D

Moth - er Ma - ry | comes to me,
stand - ing right __ in | front of me,

Em | C

speak - ing words of wis - | dom, let it

G | D

be. __ | 1. And | 2. **Refrain** Let it be, __

C | G | G

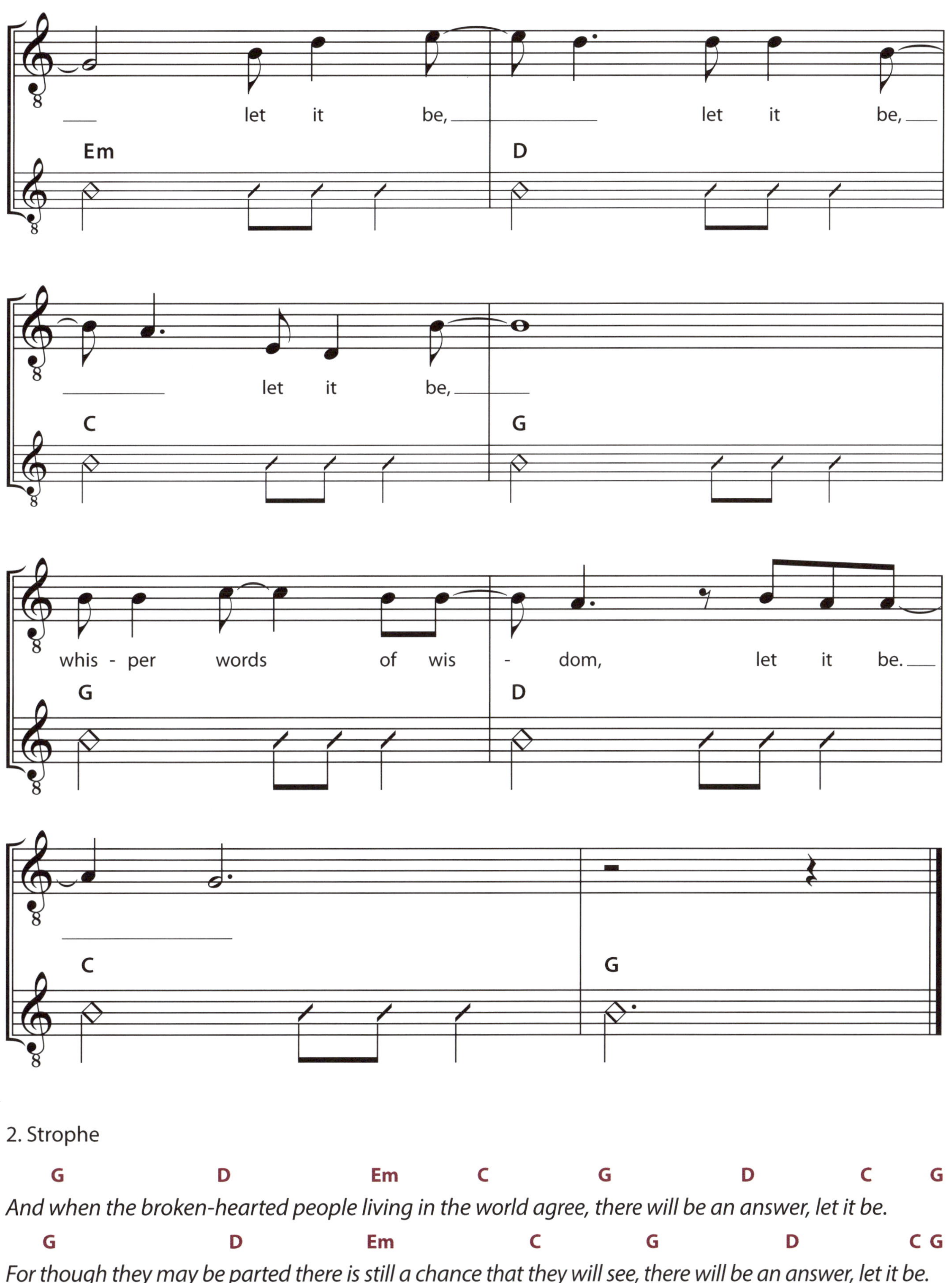

2. Strophe

G D Em C G D C G
And when the broken-hearted people living in the world agree, there will be an answer, let it be.
G D Em C G D C G
For though they may be parted there is still a chance that they will see, there will be an answer, let it be.

39 Scarborough Fair

Play-along

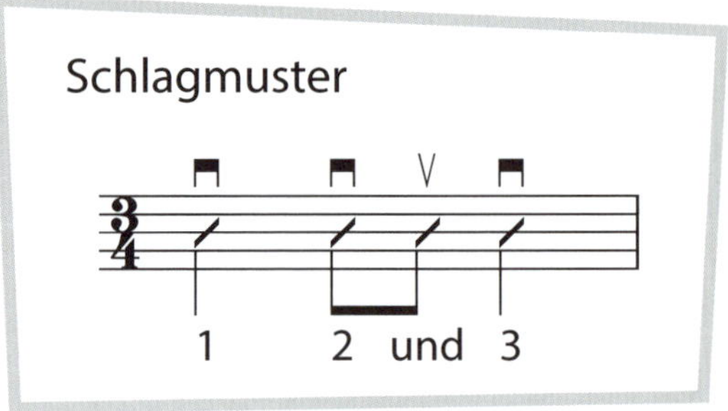

Scarborough Fair ist ein altes englisches Volkslied. Die heute wohl bekannteste Version stammt vom US-amerikanischen Folk-Rock-Duo Simon & Garfunkel.

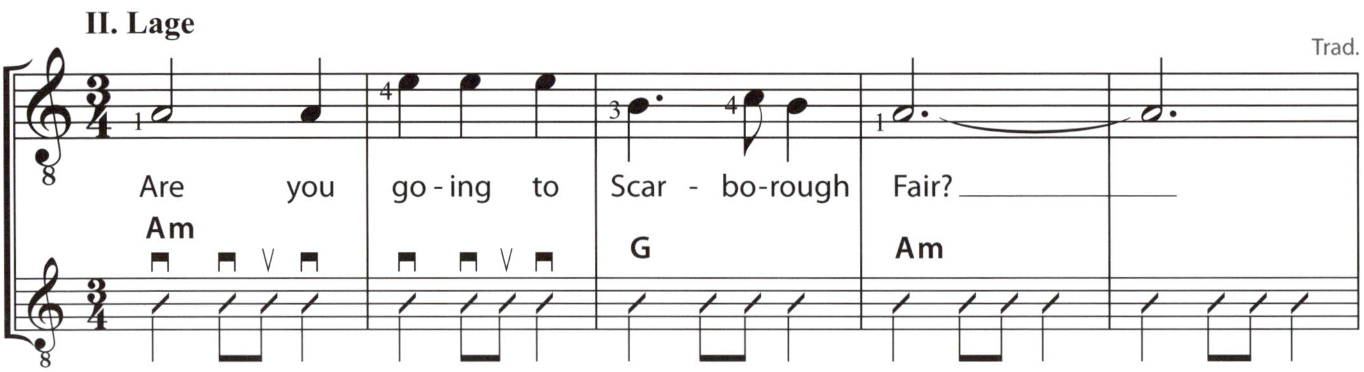

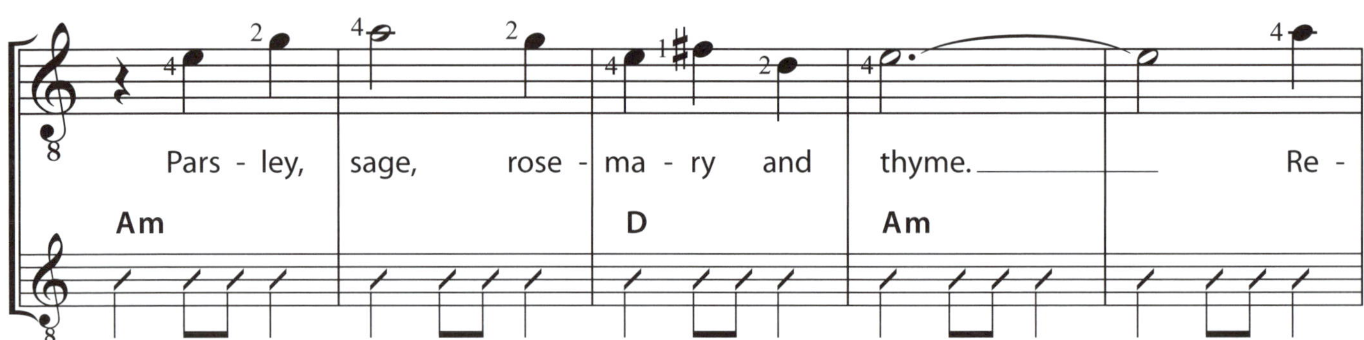

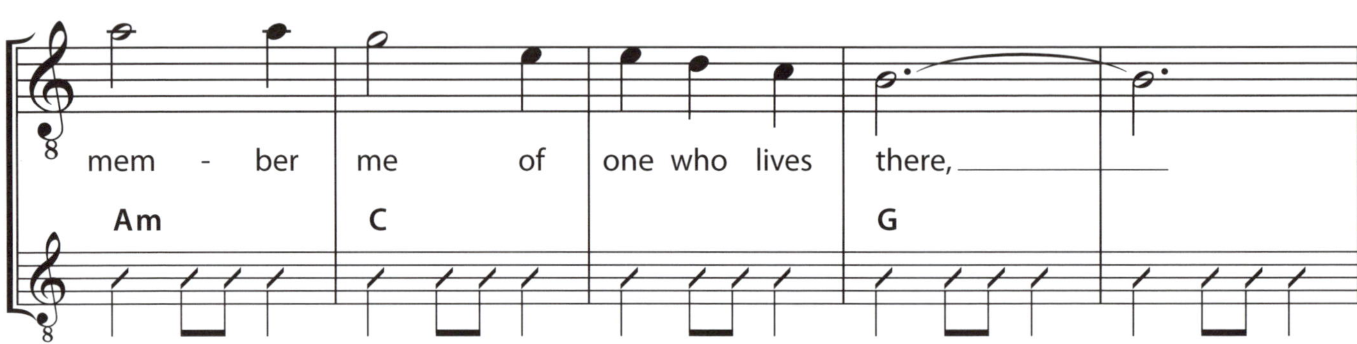

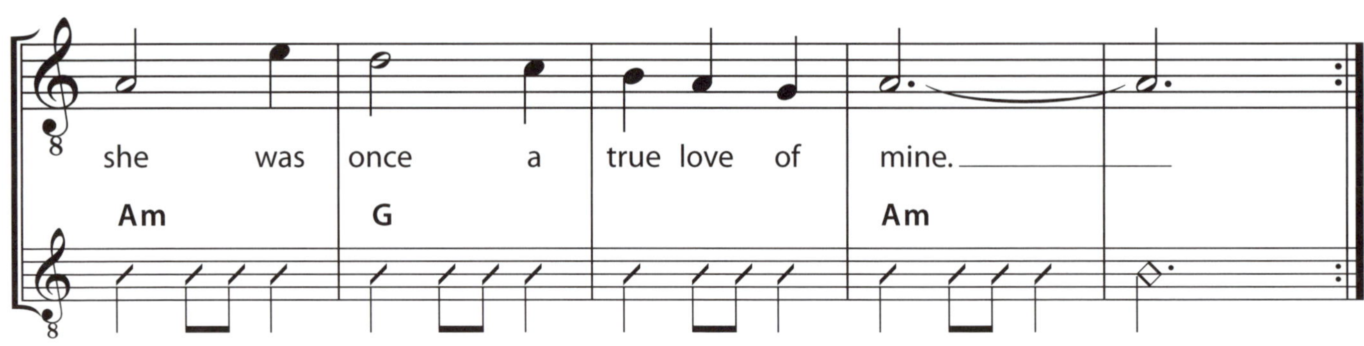

5

Shuffle, Blues und neue Spieltechniken

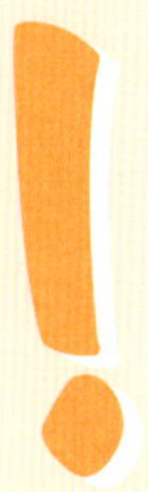

Shuffle

Der Shuffle ist ein Rhythmus, der oft im Blues und Jazz verwendet wird. Die Achtel werden im Shuffle nicht gleichmäßig gespielt. Die erste Achtel einer Zweiergruppe wird etwas länger gespielt, die zweite Achtel etwas kürzer.

Wenn ein Stück als Shuffle gespielt werden soll, findet man häufig folgende Angabe:

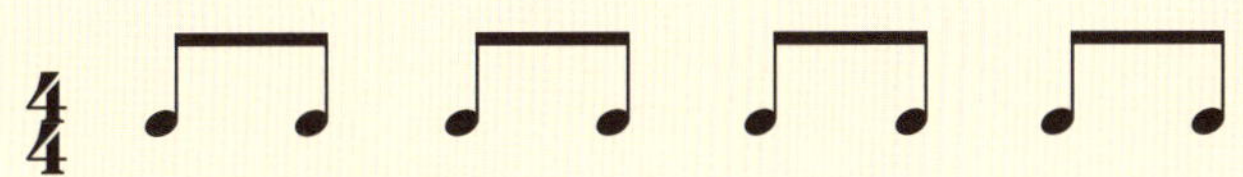

Spielweise:

Klatsche die Übungen zuerst mit „normalen" Achteln. Anschließend versuche alles als Shuffle zu klatschen.

Rhythmus 1 (beim 2. Mal:)

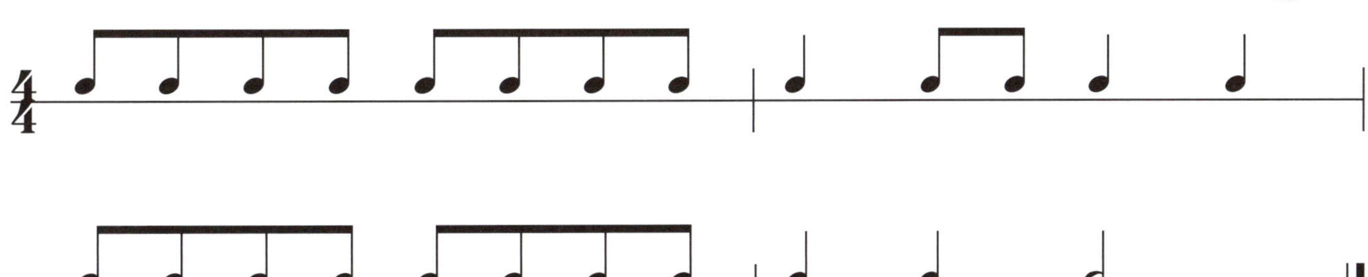

Rhythmus 2 (beim 2. Mal:)

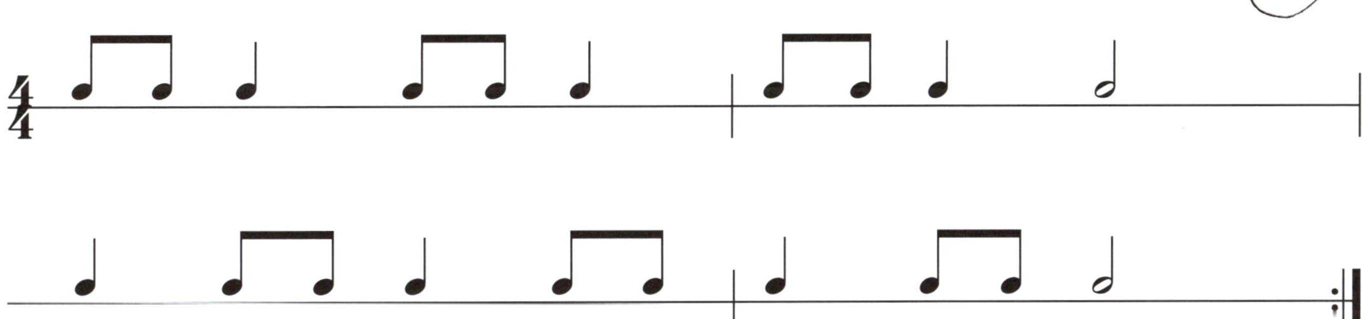

Das 12-taktige Blues-Schema

Das 12-taktige Blues-Schema ist eine feste Akkordfolge und bildet die Grundlage des Blues.

Das Blues-Schema in Stufen

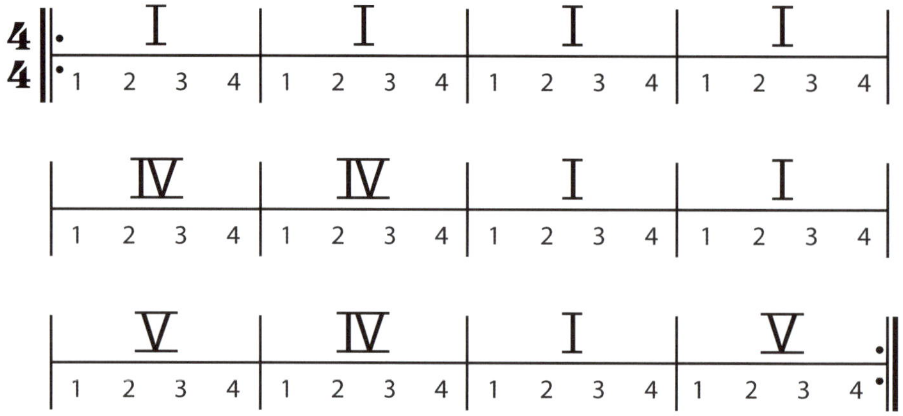

4/4

I	I	I	I
1 2 3 4	1 2 3 4	1 2 3 4	1 2 3 4
IV	IV	I	I
1 2 3 4	1 2 3 4	1 2 3 4	1 2 3 4
V	IV	I	V
1 2 3 4	1 2 3 4	1 2 3 4	1 2 3 4

Das Blues-Schema in A

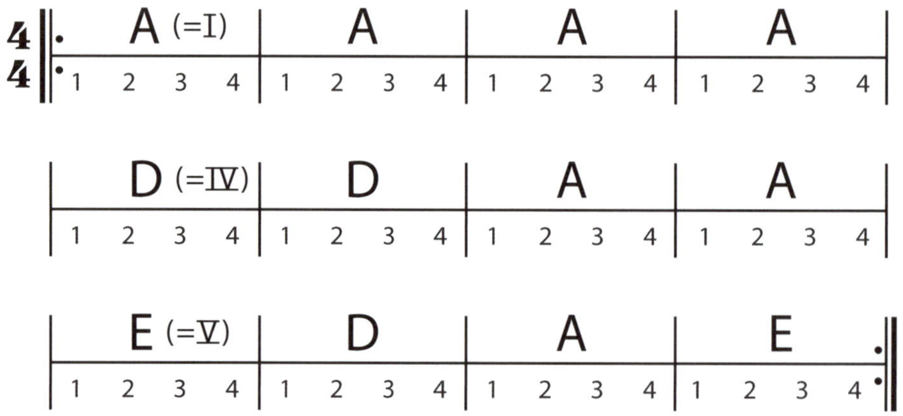

4/4

A (=I)	A	A	A
1 2 3 4	1 2 3 4	1 2 3 4	1 2 3 4
D (=IV)	D	A	A
1 2 3 4	1 2 3 4	1 2 3 4	1 2 3 4
E (=V)	D	A	E
1 2 3 4	1 2 3 4	1 2 3 4	1 2 3 4

Diese Akkordfolge solltest du auswendig können!
Im nächsten Stück „Blues For You" lernen wir einen „Blues in A" zu spielen.

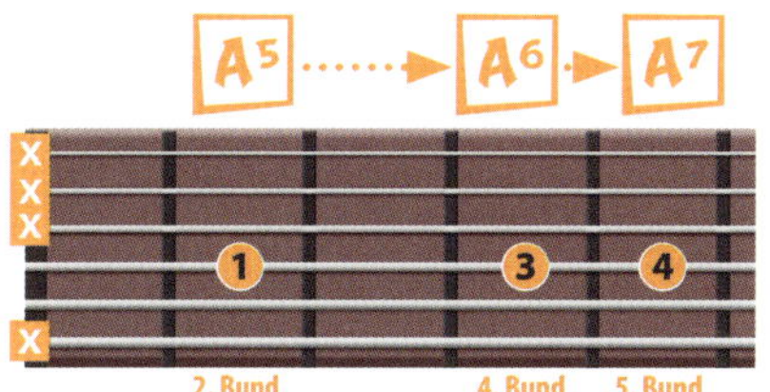

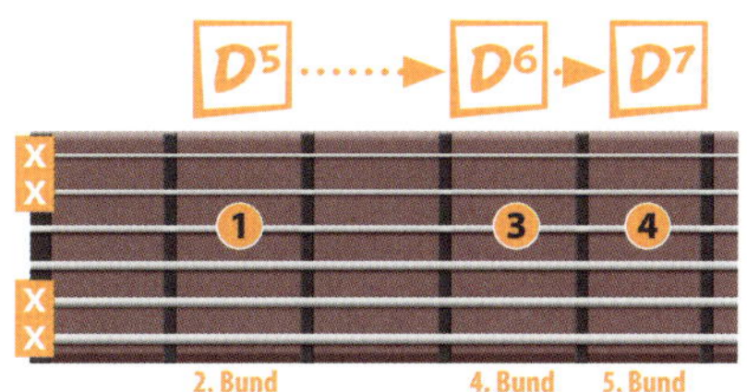

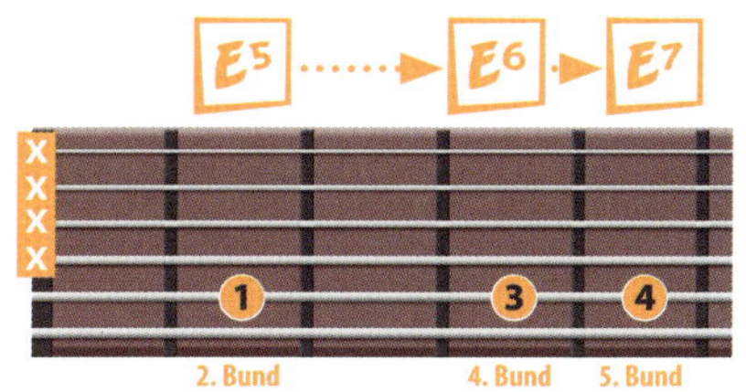

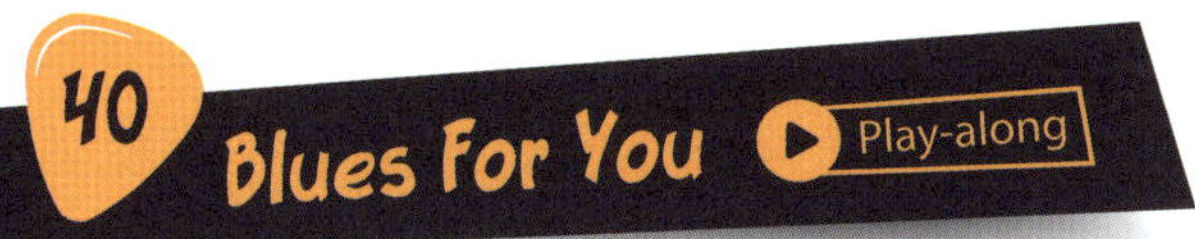

40 Blues For You

Play-along

Dieses Stück ist ein 12-taktiger Blues in A. Wiederhole das Stück und spiele danach den Schlusstakt (Takt 13).
Der Rythmus wird als „Shuffle“ gespielt. Sieh dir dazu das Video an!

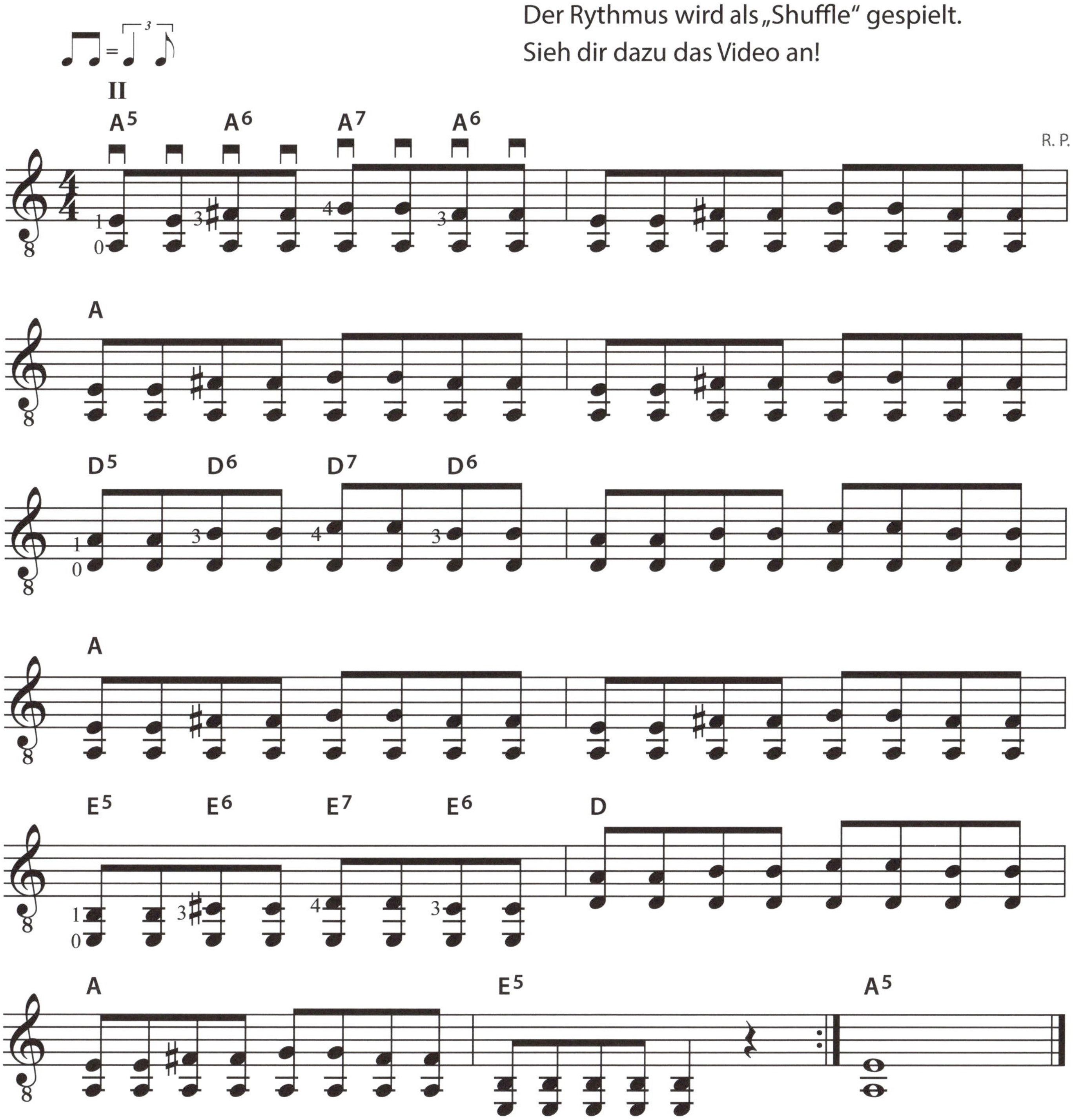

II

A5 A6 A7 A6 R. P.

A

D5 D6 D7 D6

A

E5 E6 E7 E6 D

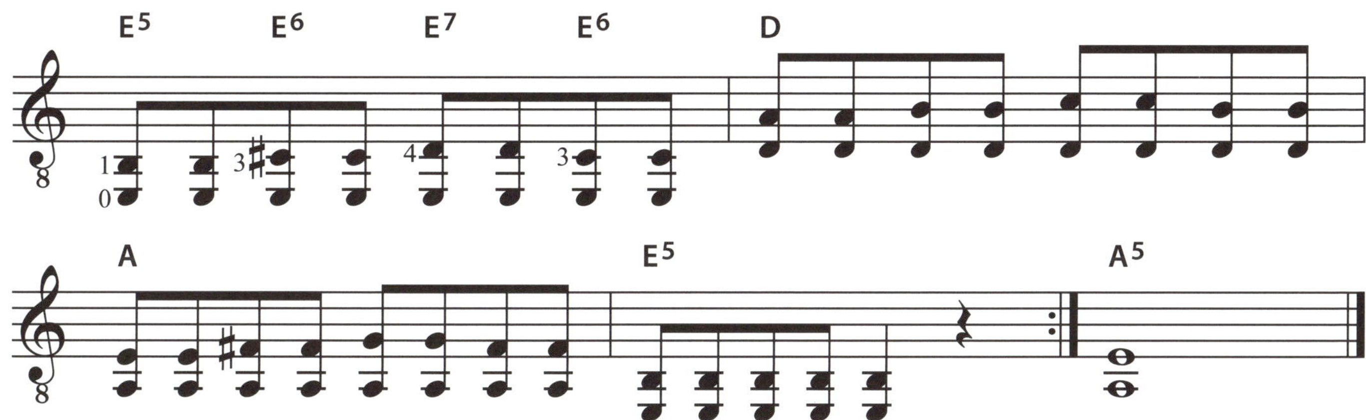

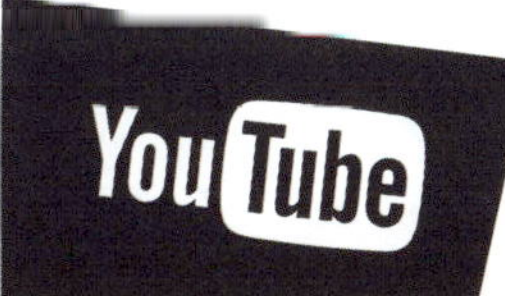

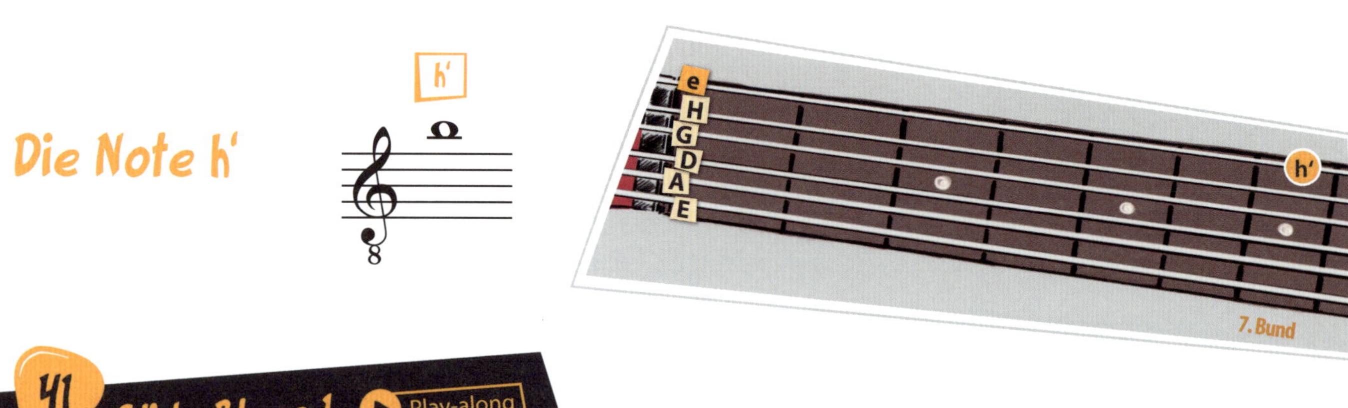

41 Slide Blues 1

Play-along

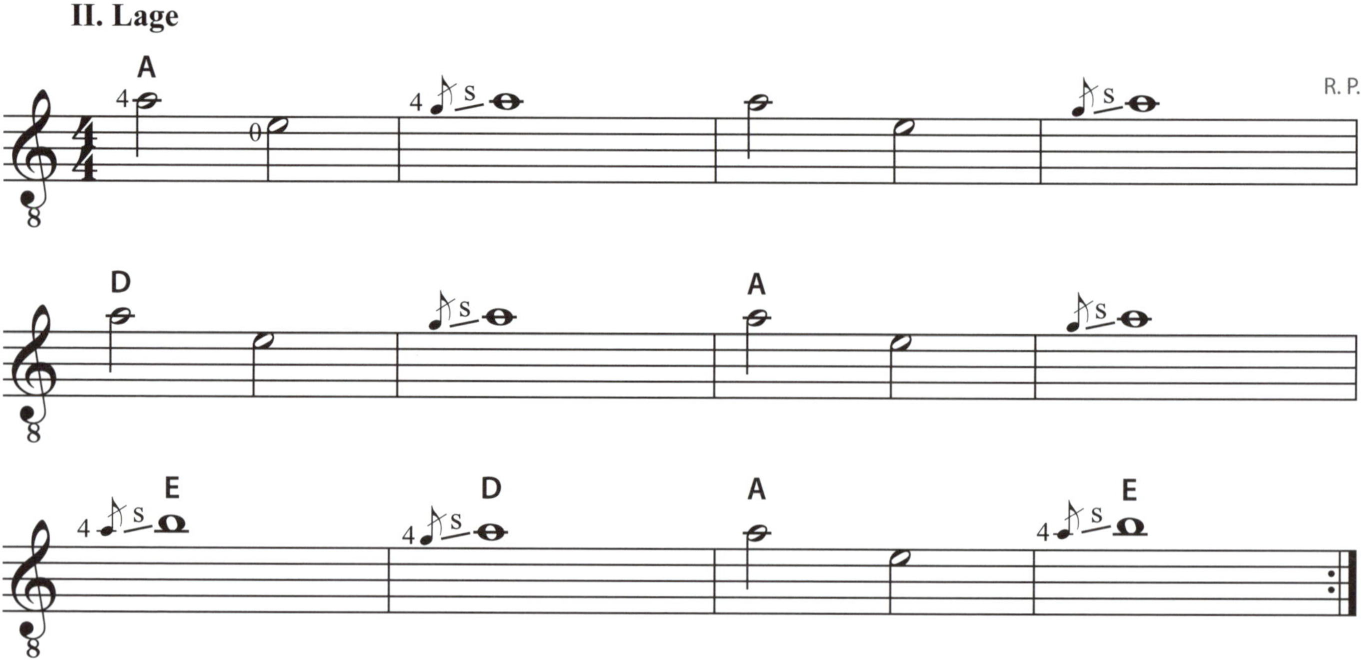

Als Begleitung kann der „Blues For You" (Blues in A) verwendet werden.

Hier lernst du die Slide-Technik!

Rutsche mit dem 4. Finger von der klein gedruckten Vorschlagsnote 2 Bünde rauf zum Zielton. Der Ton wird rechts nur einmal angeschlagen.

Was ist eine Vorschlagsnote?

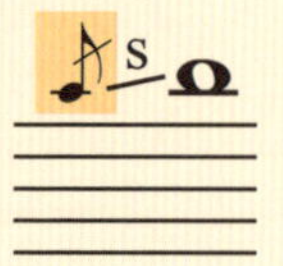

Eine Vorschlagsnote wird kurz vor oder auf die Zählzeit gespielt. Die Hauptnote folgt kurz darauf.

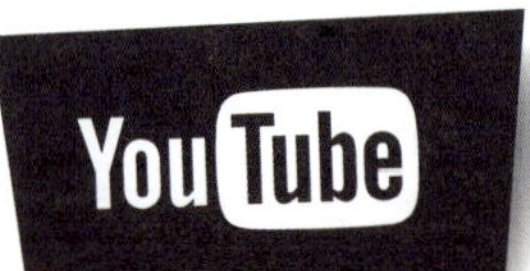

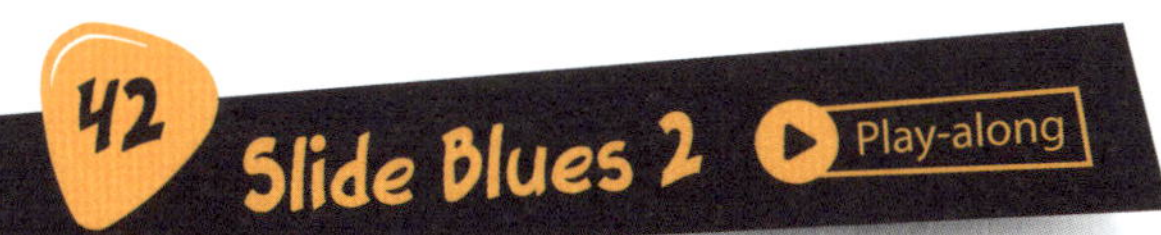

Bei diesem Slide-Blues rutschen wir nur einen Bund nach oben zum Zielton. Auch hier kann der „Blues For You" (S. 45) und das Play-along als Begleitung verwendet werden.

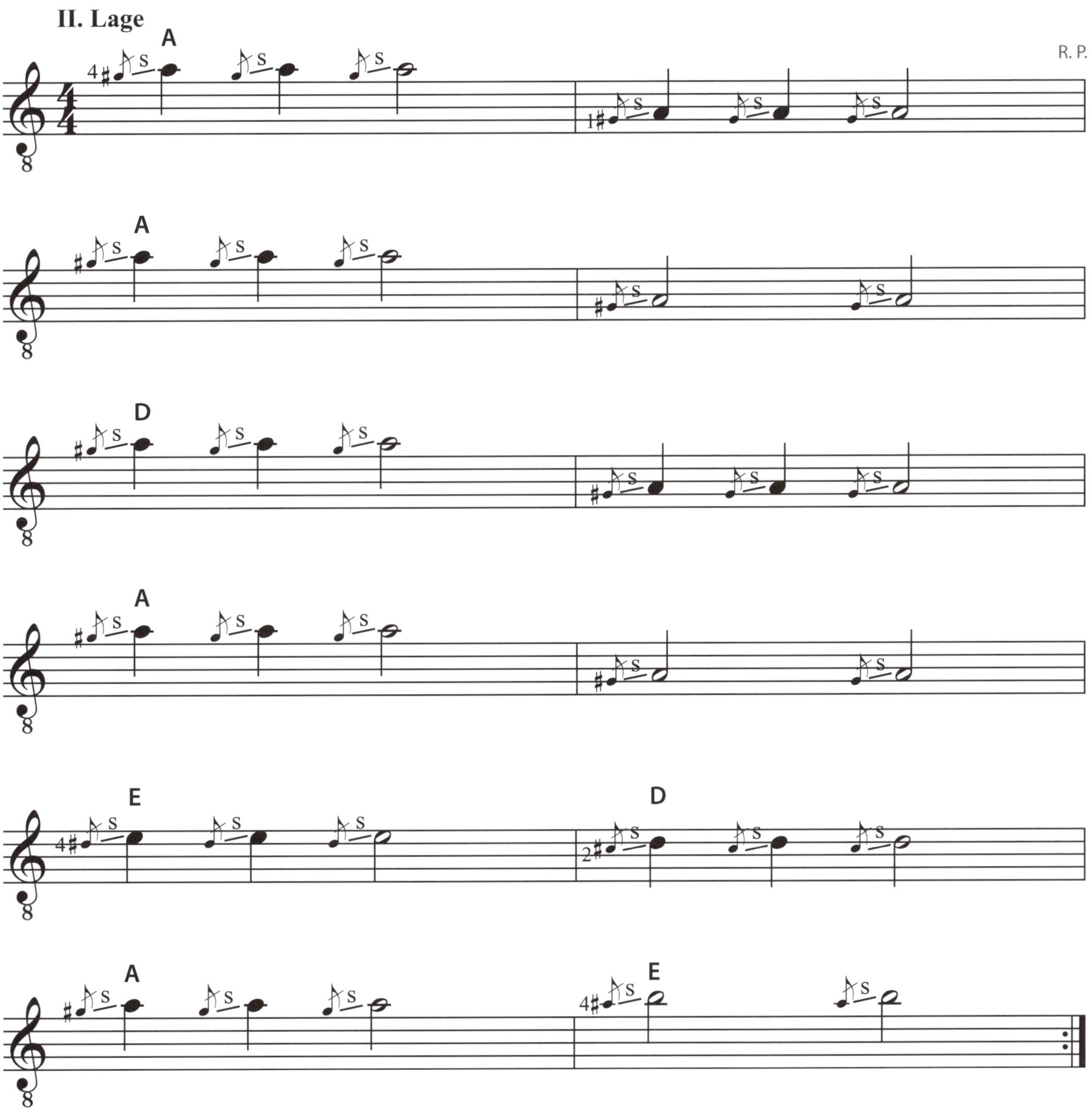

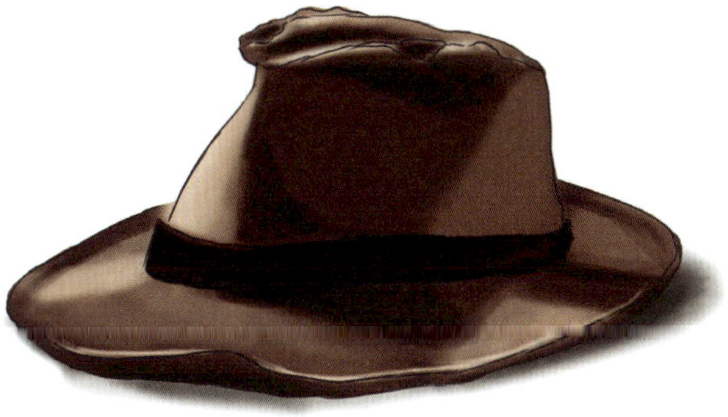

II. Lage

R. P.

Wir wiederholen Noten, die wir bereits gelernt haben.
Lies die Notennamen laut vor und spiele anschließend beide Übungen auf der Gitarre.

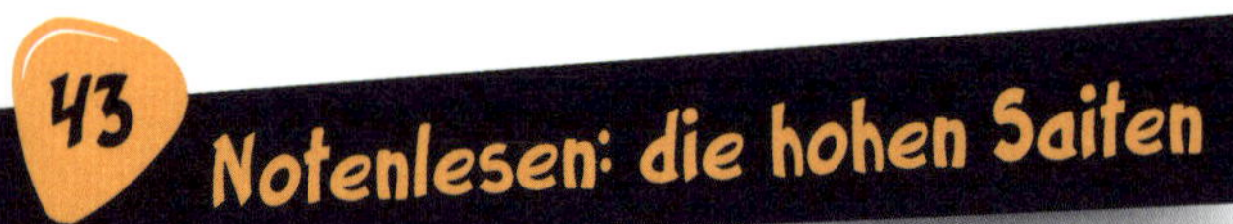

43 Notenlesen: die hohen Saiten

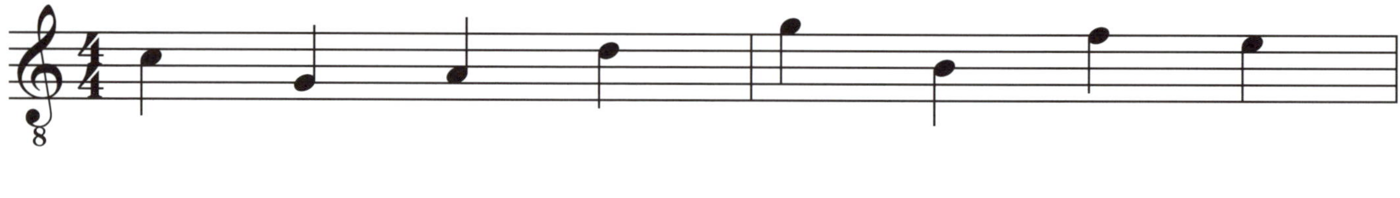

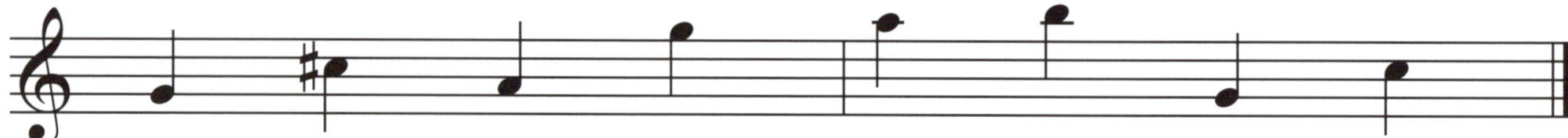

44 Notenlesen: die Basssaiten

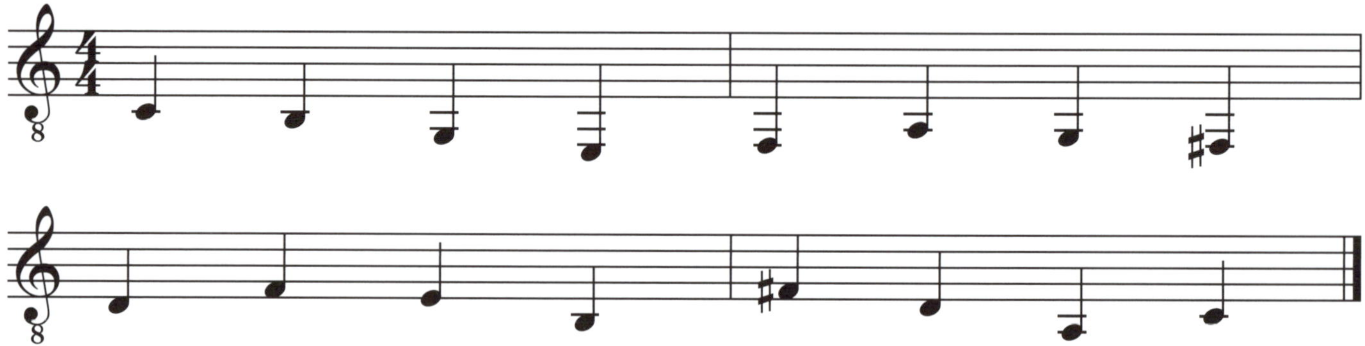

45 Die Töne der ersten Lage

Wir wiederholen alle Töne der ersten Lage: Spiele die Übung und sprich die Tonnamen laut dazu.

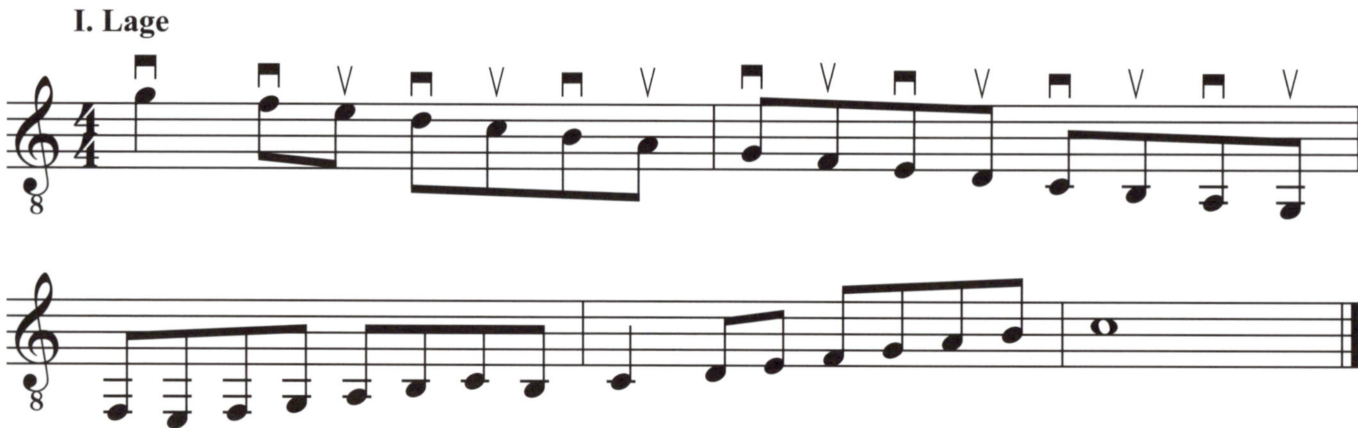

Die Noten c", d", e"

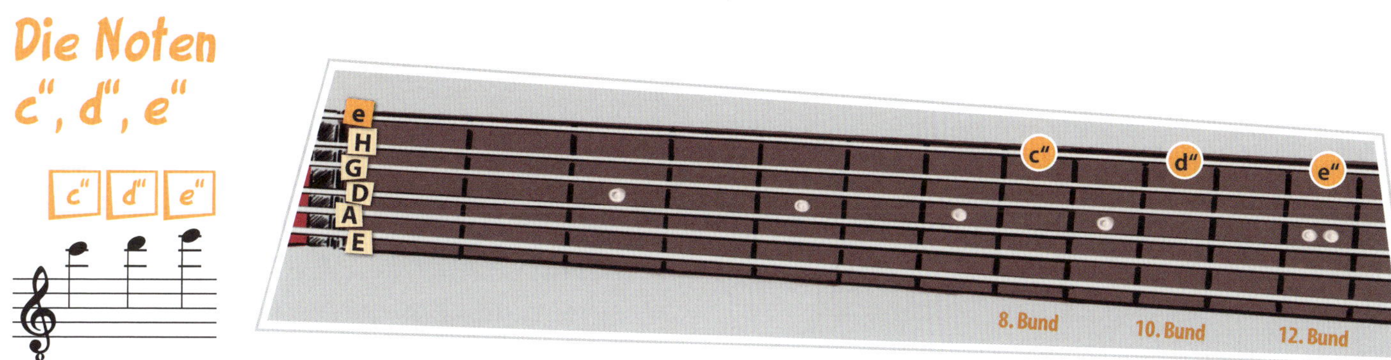

46 Showtime

Play-along

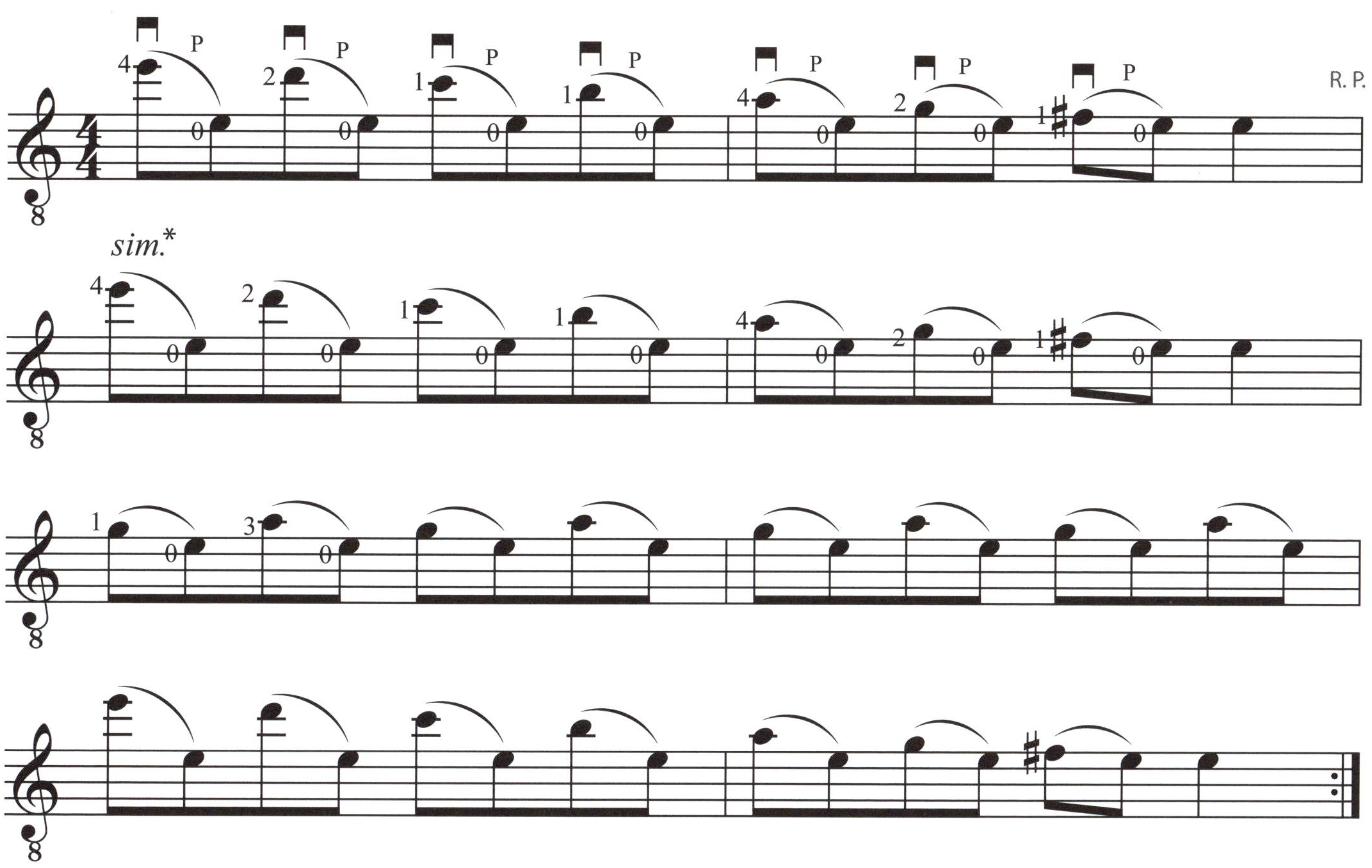

* sim. = simile (italienisch) und heißt „in gleicher Weise".
In diesem Fall sollst du „Pull-off" wie in der ersten Zeile spielen.

Hier lernen wir die die „Pull-off-Technik" kennen.

Schlage mit dem Plektrum den gegriffenen Ton an und ziehe dann auf die leere Saite ab. Bei der „Pull-off-Technik" erklingen zwei Töne nacheinander, obwohl nur der erste Ton mit dem Plektrum angeschlagen wird. Schau es dir auf YouTube an! Die „Pull-off-Technik" kann man im Notenbild durch den Bindebogen und das „P" erkennen.

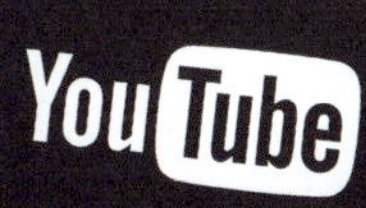

Jetzt lernen wir die „Hammer-on-Technik“ kennen.

Diese ist das ziemlich genaue Gegenteil der „Pull-off-Technik“. Schlage den Ton rechts mit dem Plektrum an. Der Folgeton wird durch schnelles Aufklopfen eines Fingers der linken Hand (Hammer on) erzeugt. Achte im Notenbild auch hier auf die Bindebögen und das „H“.

47 Chill Out Song

Play-along

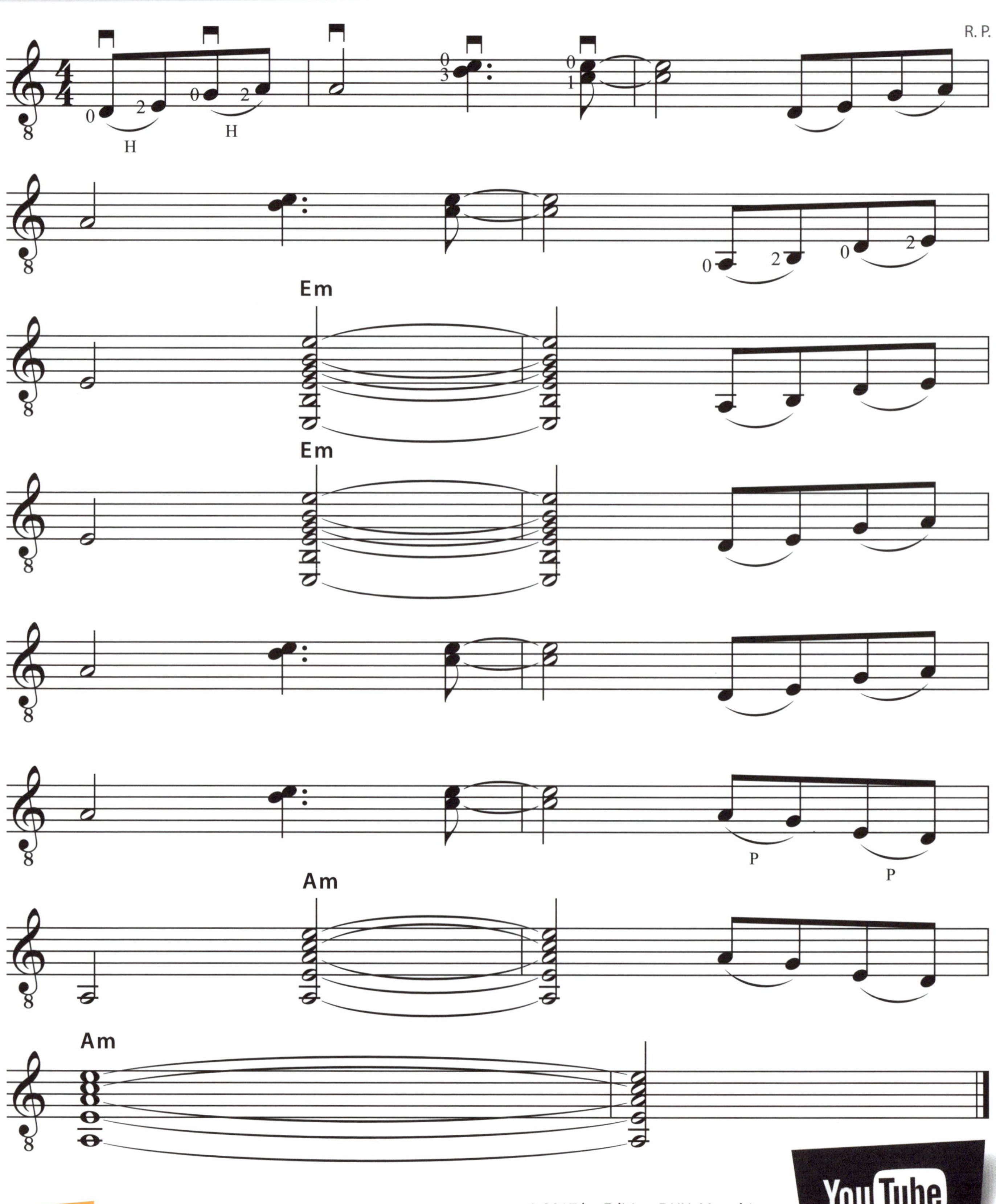

YouTube

48 Achterbahn

Wir verbinden beide Spieltechniken: Hammer on und Pull off. Spiele Hammer on, wenn eine höhere Note folgt und spiele Pull off, wenn eine tiefere Note folgt.

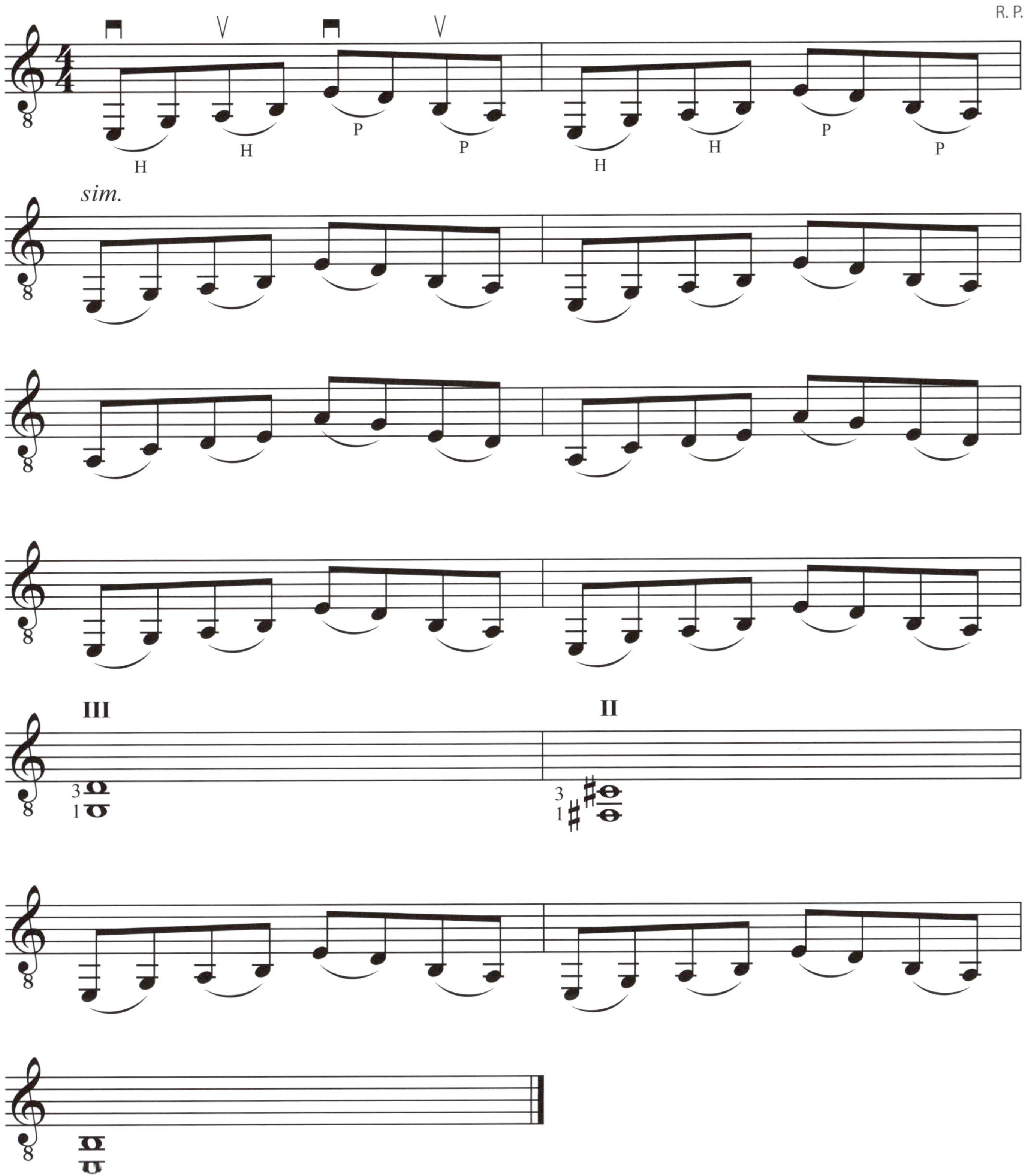

6 Neue Tonarten, Rhythmen und Akkorde

Die Tonart G-Dur

Stücke in dieser Tonart haben ein Kreuz am Anfang der Zeile.
Das Kreuz als Vorzeichen besagt, dass jedes f in diesem Stück zu einem fis erhöht wird.
Das Kreuz steht auf der 5. Linie (auf der der Ton f' notiert wird).

49 Die G-Dur-Tonleiter

Hier lernst du die G-Dur-Tonleiter über 2 Oktaven zu spielen.

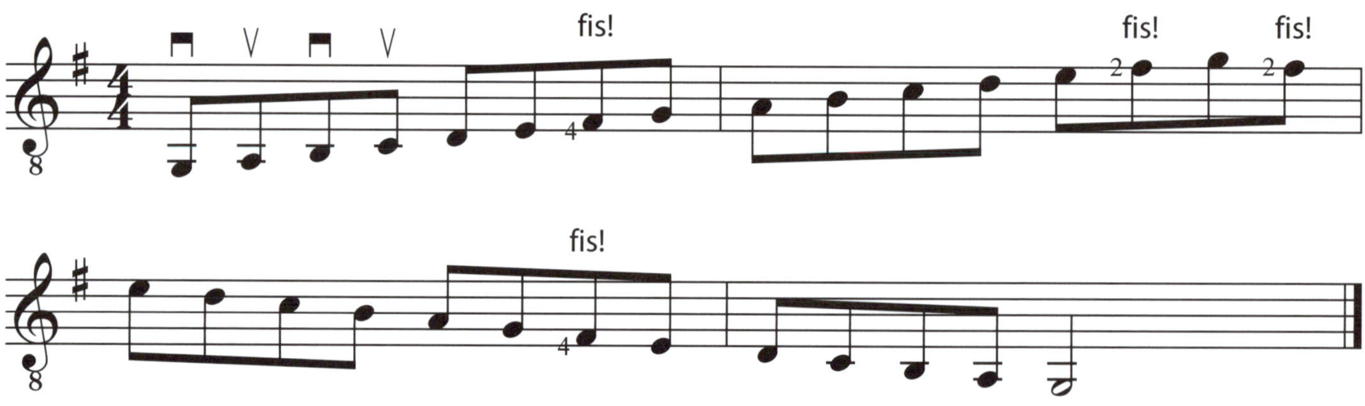

50 Etüde in G-Dur

Spiele die Übung und sprich die Notennamen laut dazu.

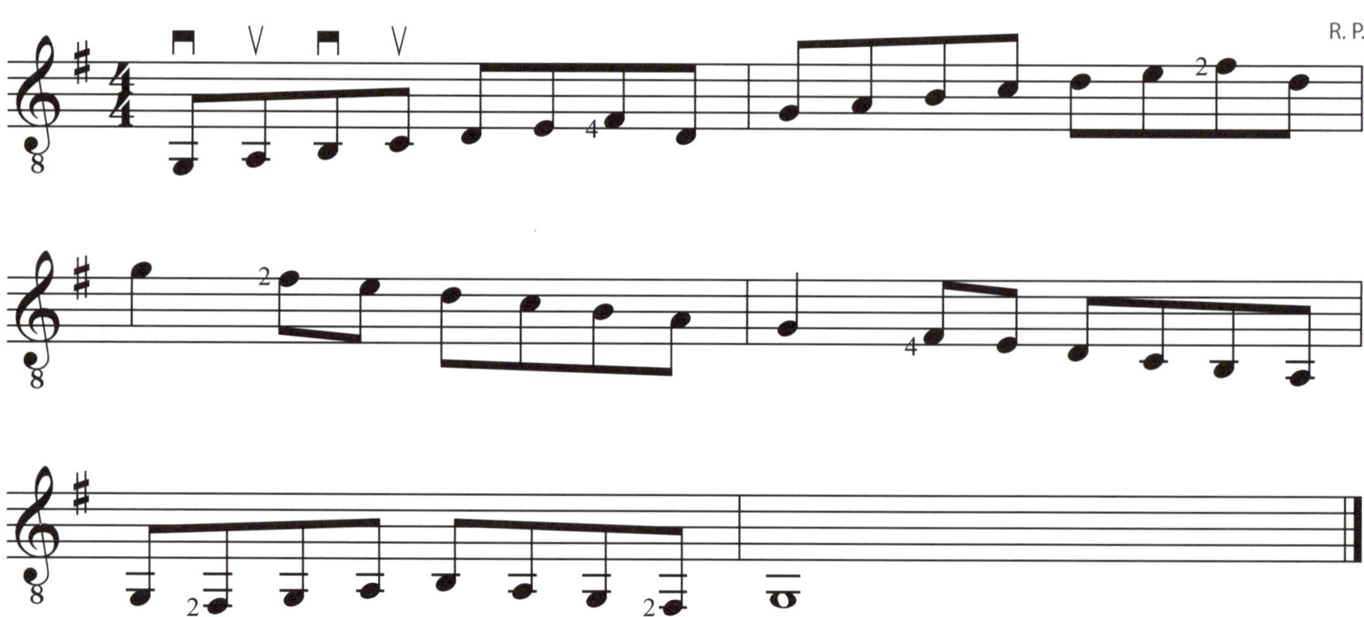

Die Triole

Wenn drei gleich lange Notenwerte in derselben Zeit wie zwei gleich lange Notenwerte erklingen, spricht man von einer Triole. Sie wird durch eine kleine 3 gekennzeichnet.

Bei einer Achteltriole stehen 3 Achtelnoten anstelle von 2 Achtelnoten. 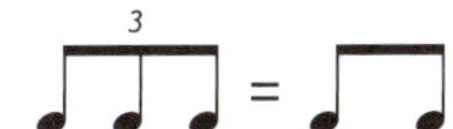

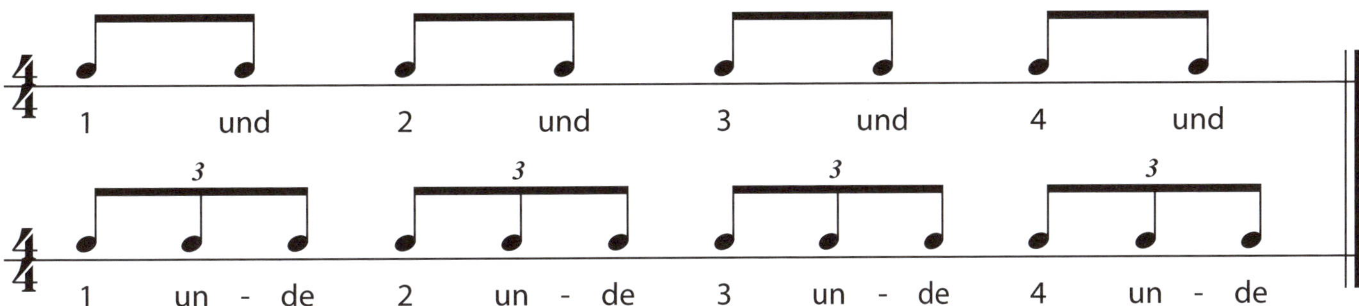

Rhythmus mit Achteltriolen

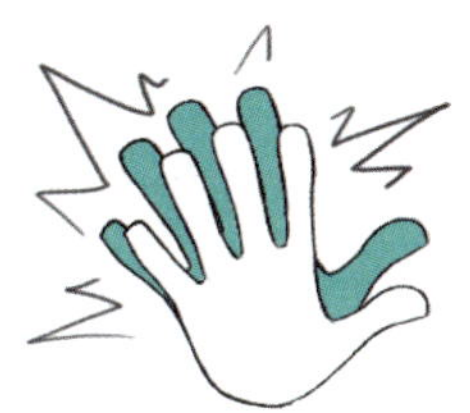

Klatsche die Übung und zähle laut.
Triolen zählen wir „eins - un - de", „zwei - un - de", „drei - un - de", etc.

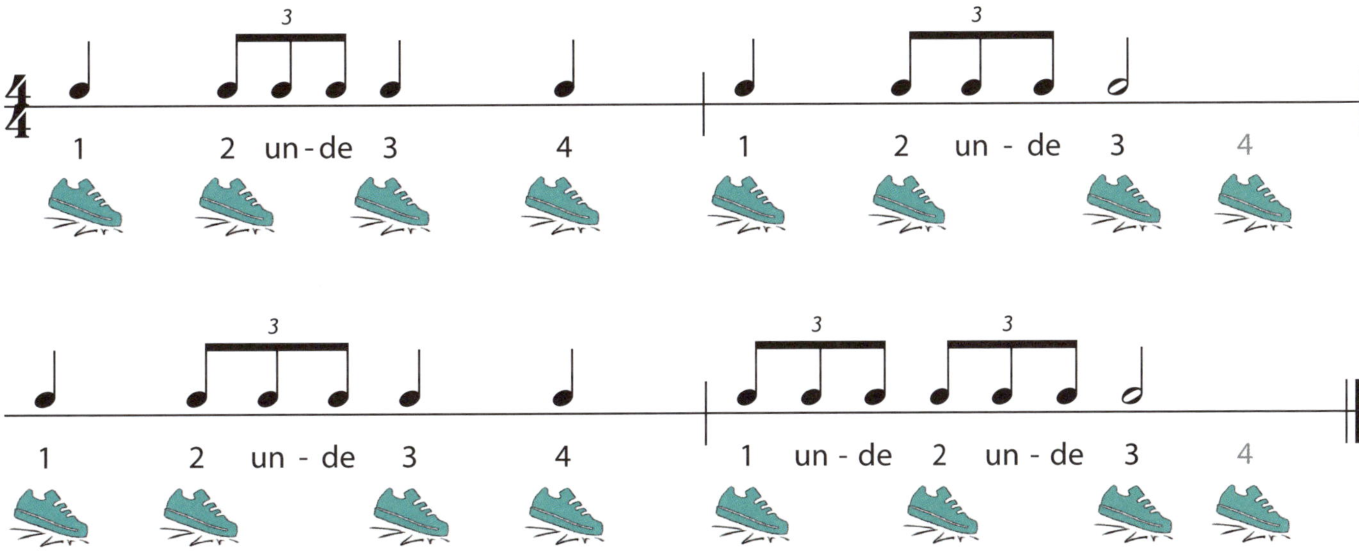

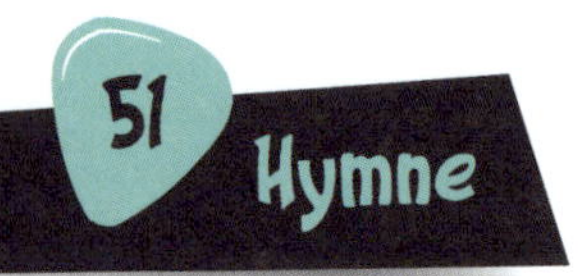

Achte in diesem Stück besonders auf die Achteltriolen. Diese kommen immer auf die Zählzeit 4. Spiele immer im Wechselschlag.

Spiele auch die Akkorbegleitung.

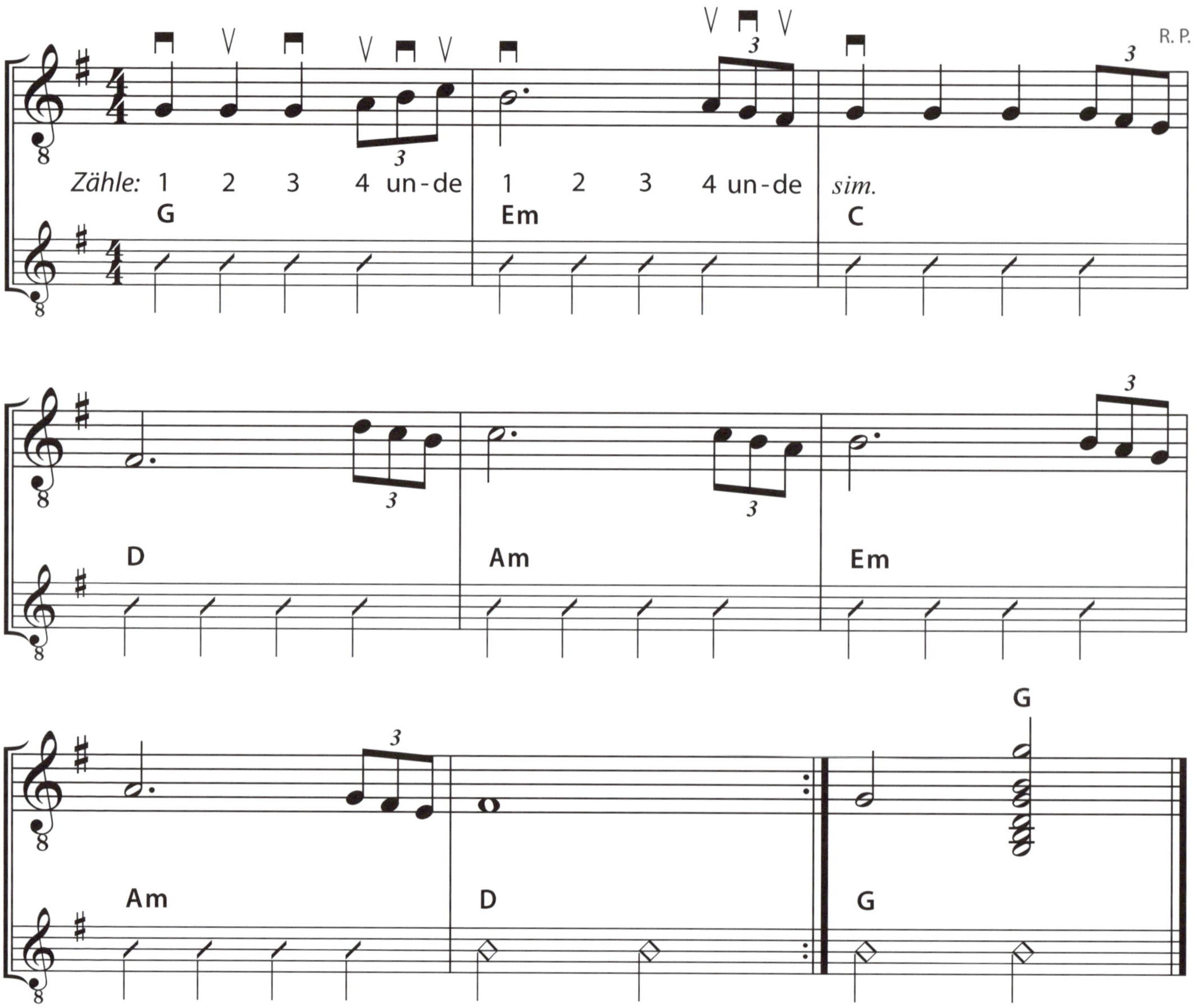

R. P.

Zähle: 1 2 3 4 un-de | 1 2 3 4 un-de | *sim.*

G | Em | C

D | Am | Em

Am | D | G

G

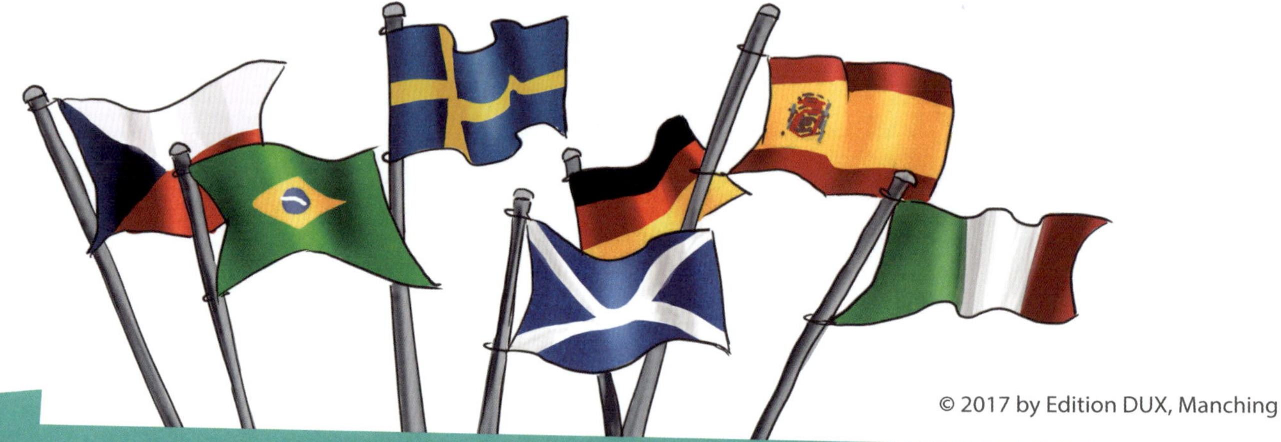

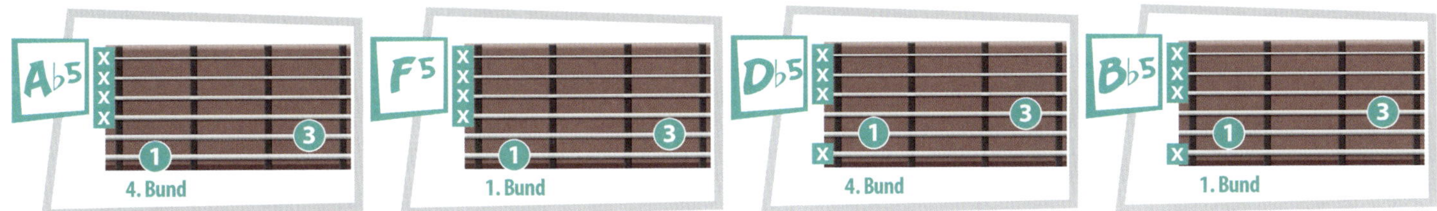

52 Triple Power

Diese Stück besteht nur aus Powerchords, die du verschiebst. Verwende einen verzerrten Sound und spiele alles mit Abschlag.

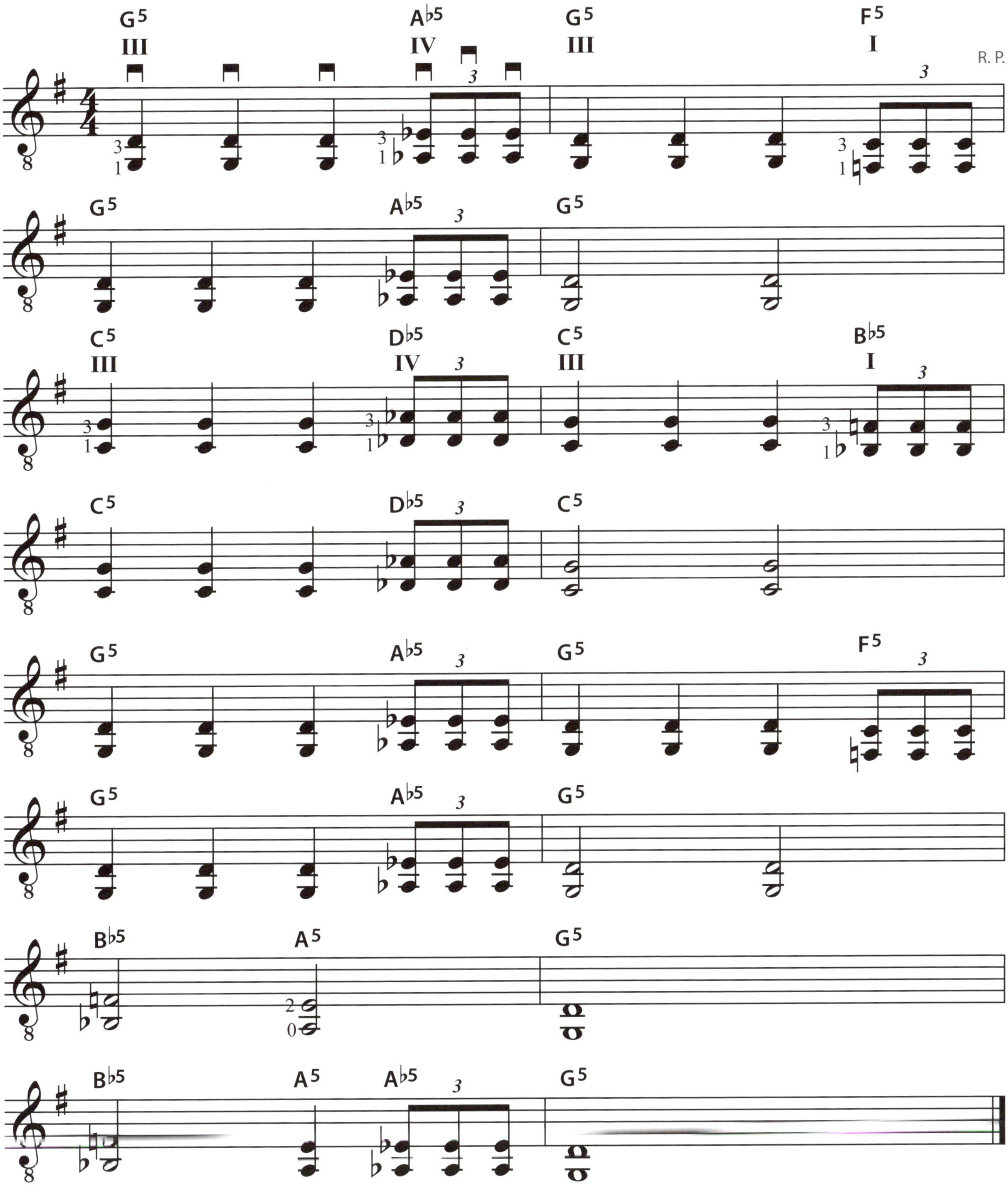

G5 III — A♭5 IV — G5 III — F5 I — R. P.

G5 — A♭5 — G5

C5 III — D♭5 IV — C5 III — B♭5 I

C5 — D♭5 — C5

G5 — A♭5 — G5 — F5

G5 — A♭5 — G5

B♭5 — A5 — G5

B♭5 — A5 — A♭5 — G5

53 Yellow Submarine

Spiele die Melodie im „Swing feel“!
(Die erste Achtel ist immer etwas länger als die zweite – wie beim Shuffle auf Seite 40.)

Text & Musik:
John Lennon / Paul McCartney

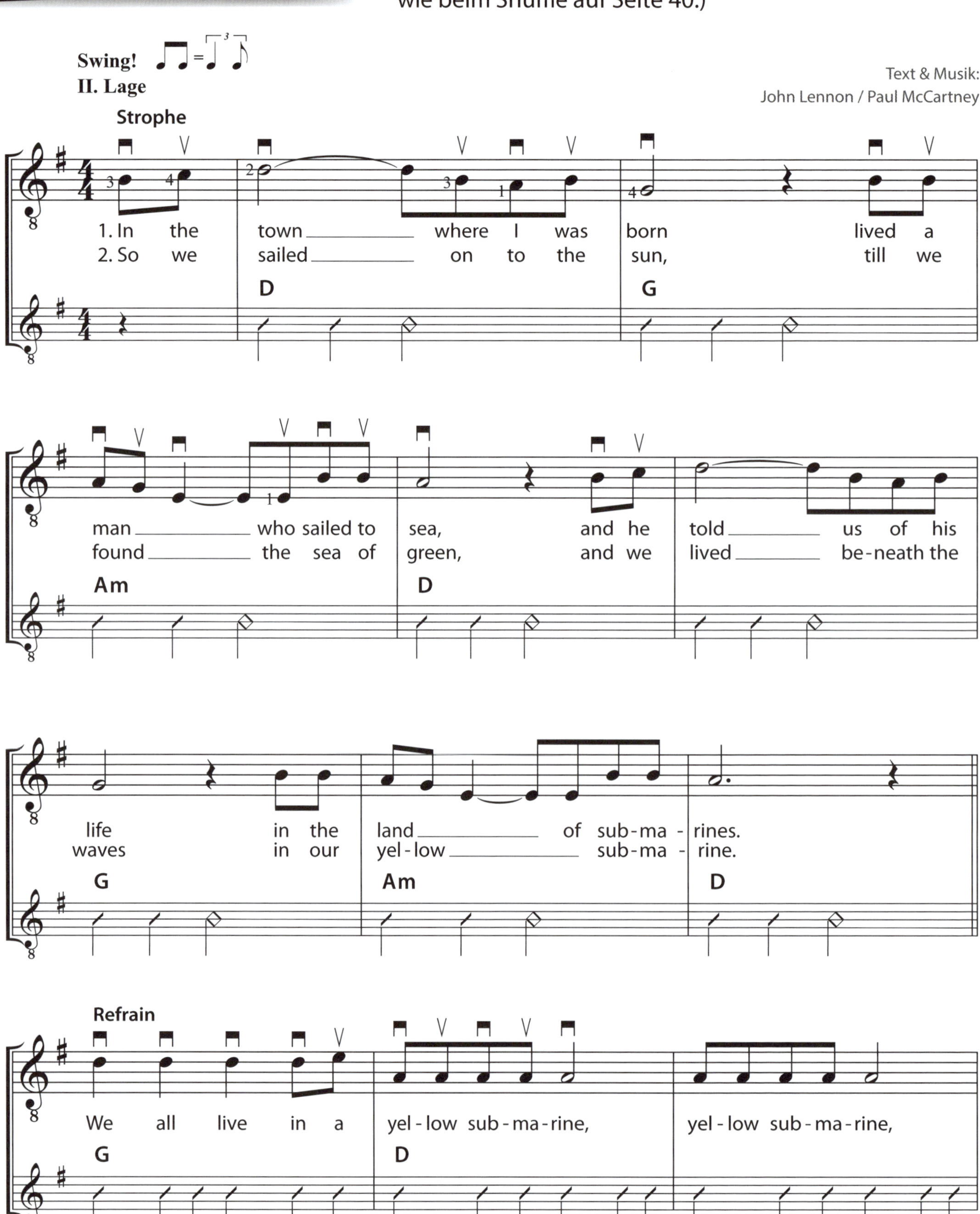

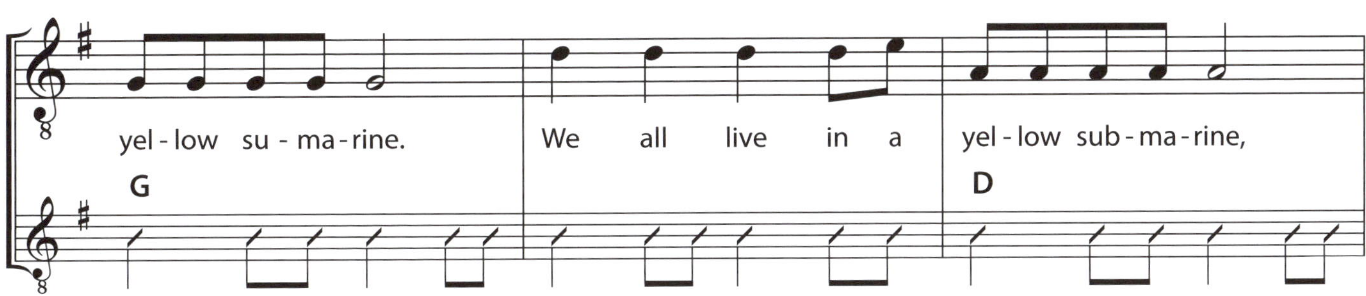
yel - low su - ma - rine.
We all live in a
yel - low sub - ma - rine,
G
D

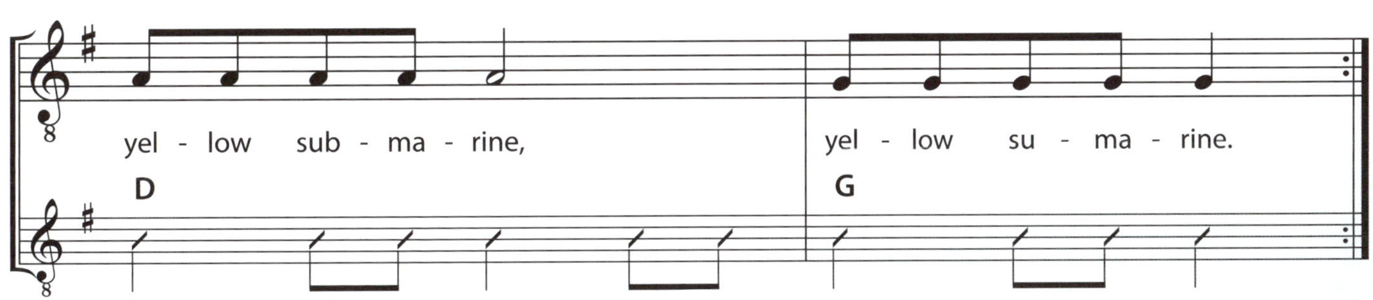
yel - low sub - ma - rine,
yel - low su - ma - rine.
D
G

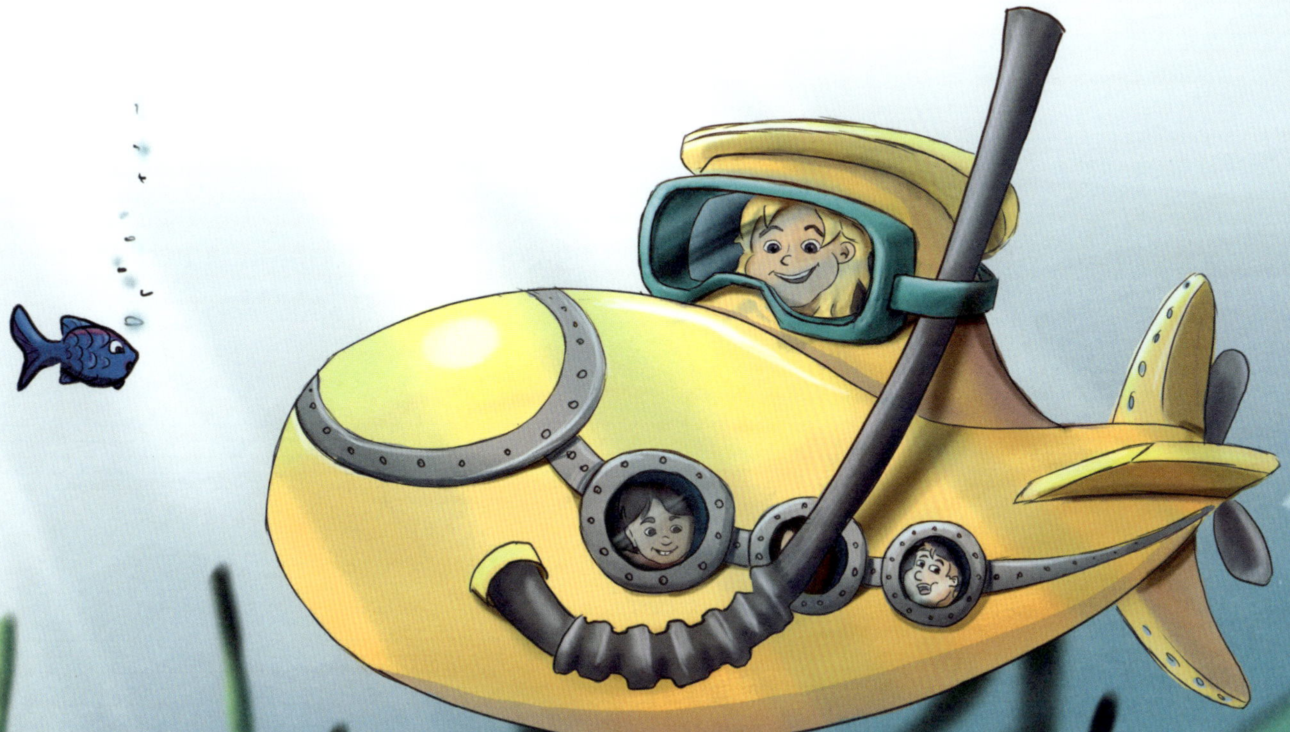

Die Tonart D-Dur

Stücke in der Tonart D-Dur haben zwei Kreuz-Vorzeichen. Jedes f wird zu fis und jedes c wird zu cis!

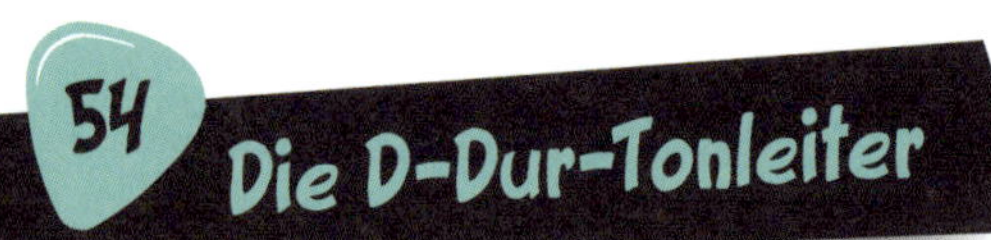

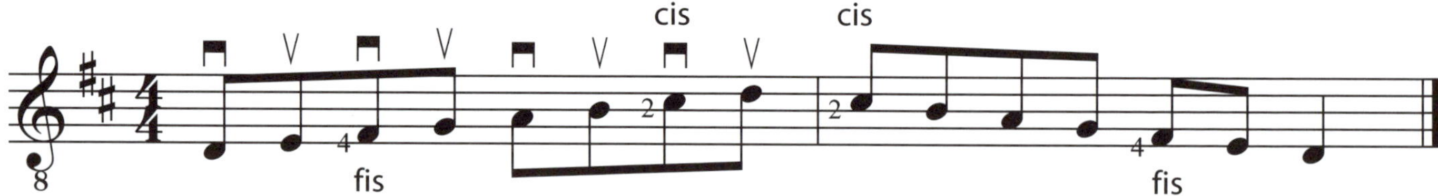

55 Tonleiterübung in Terzen

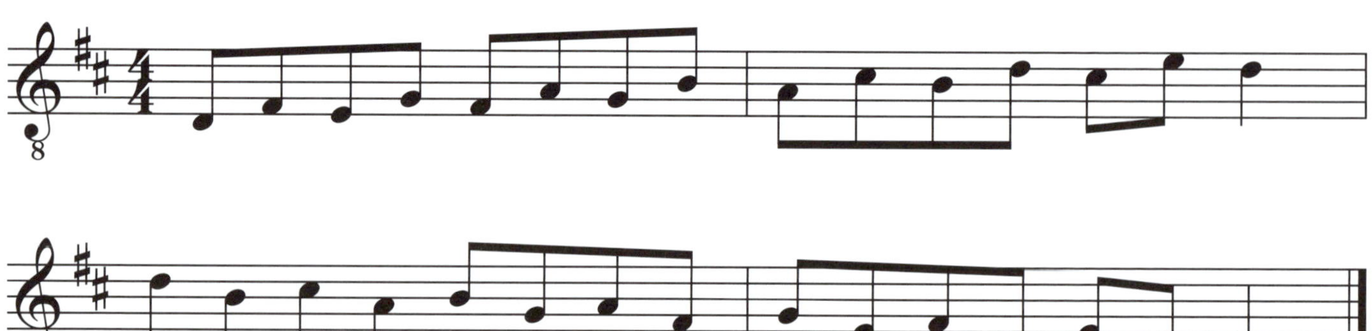

56 Übung in D-Dur

Spiele die Übung und sprich die Notennamen laut dazu.

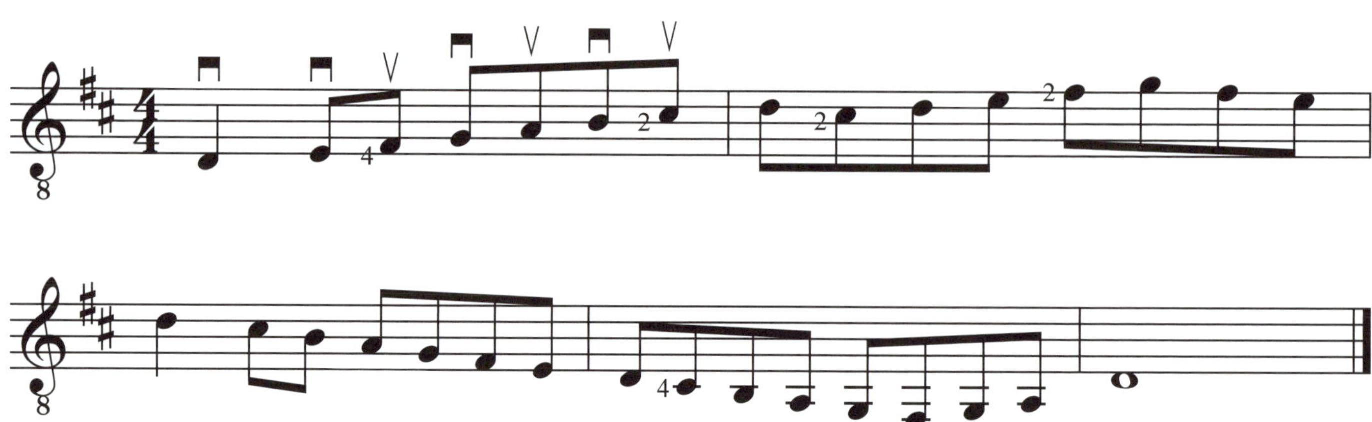

A-Dur

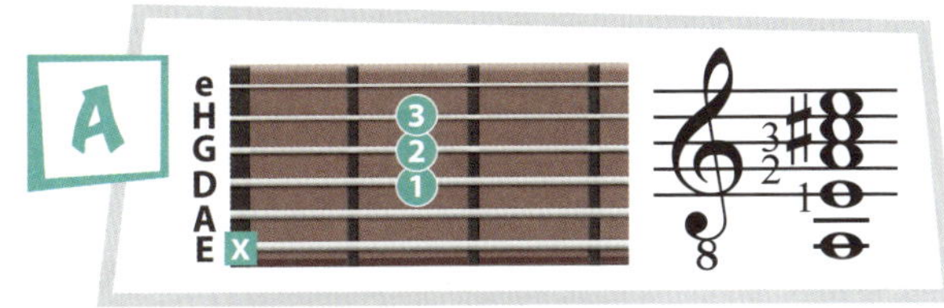

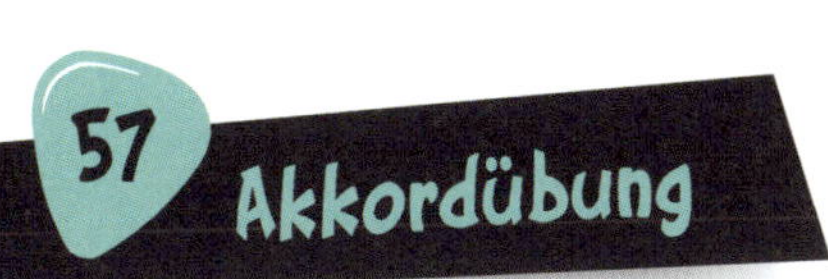

57 Akkordübung

Schlage den A-Dur-Akkord immer von der A-Saite an.

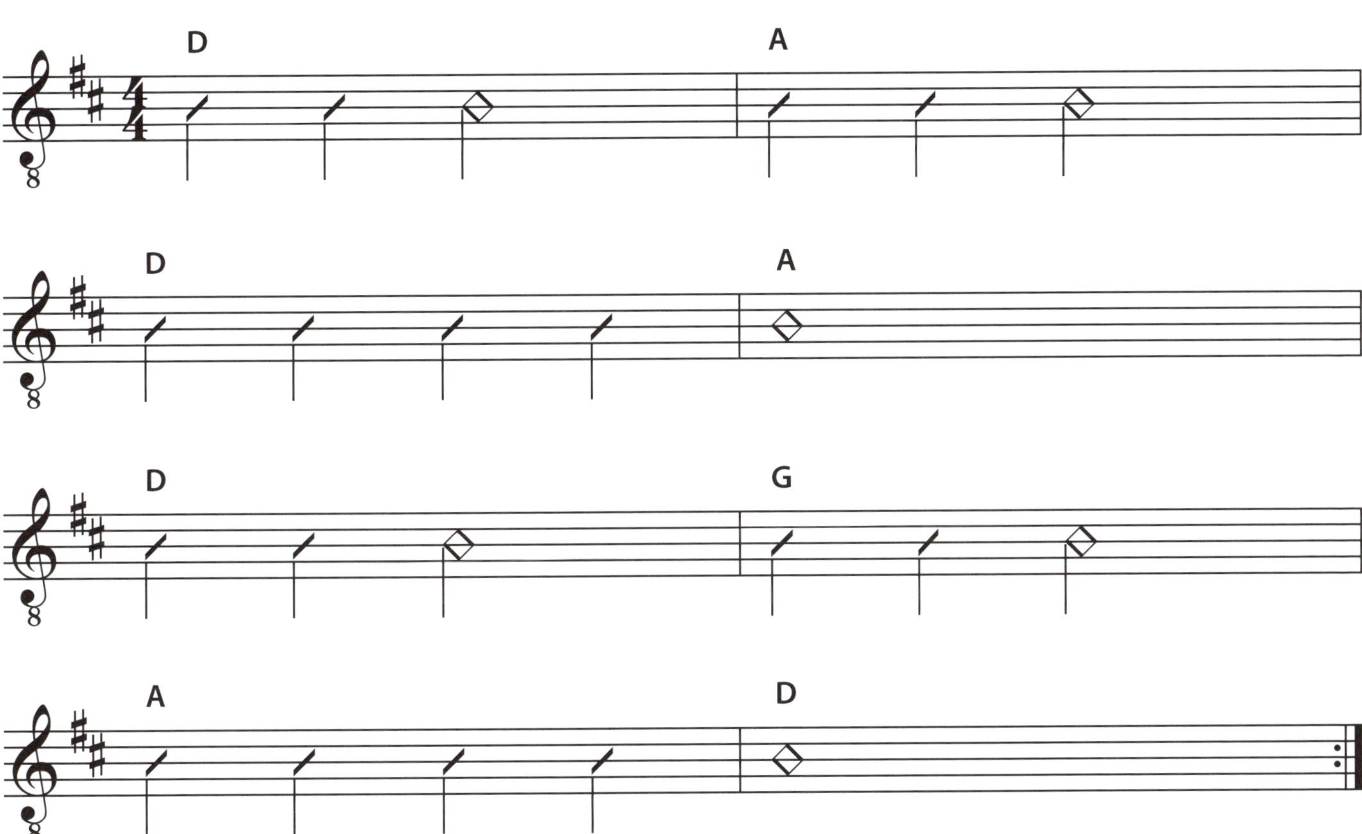

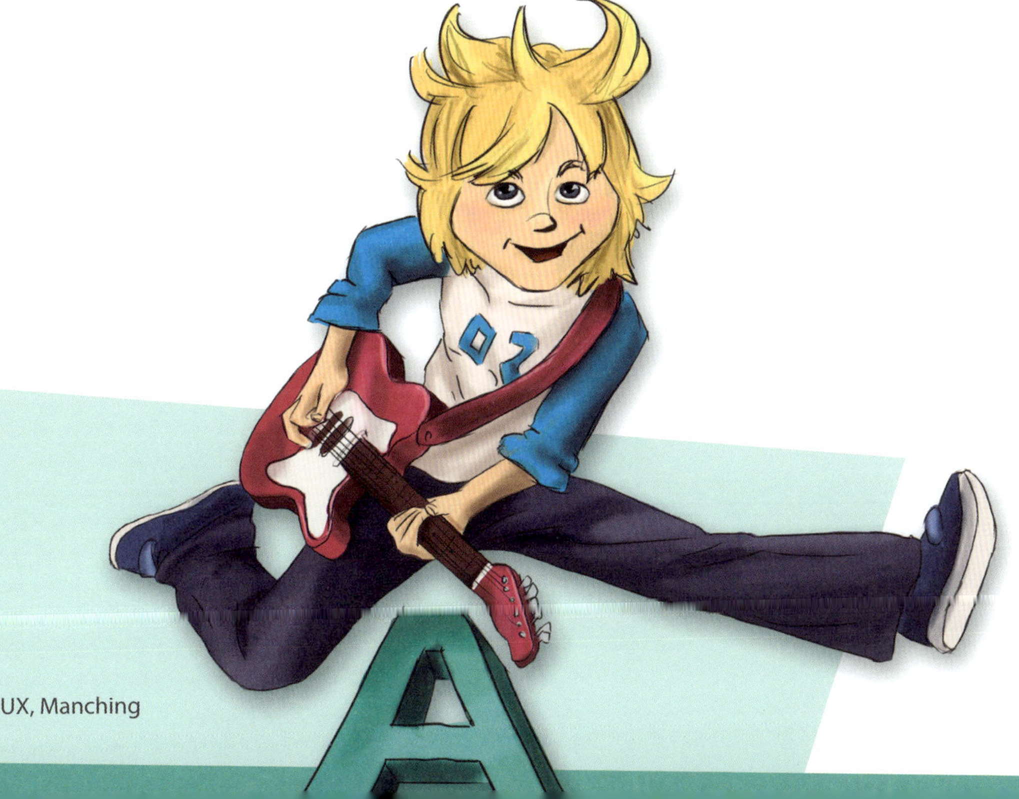

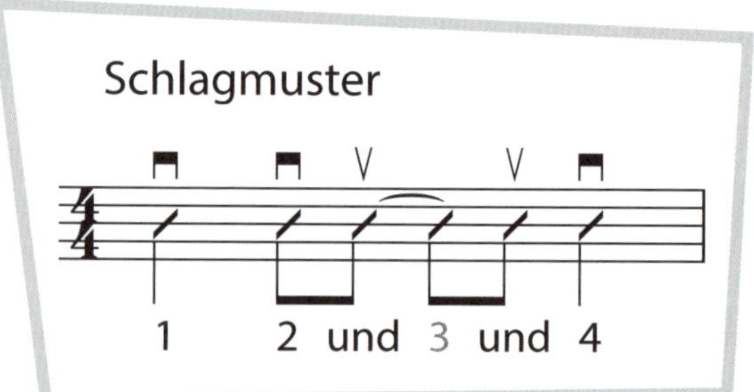

58 I Still Haven't Found What I'm Looking For

Text & Musik: U2

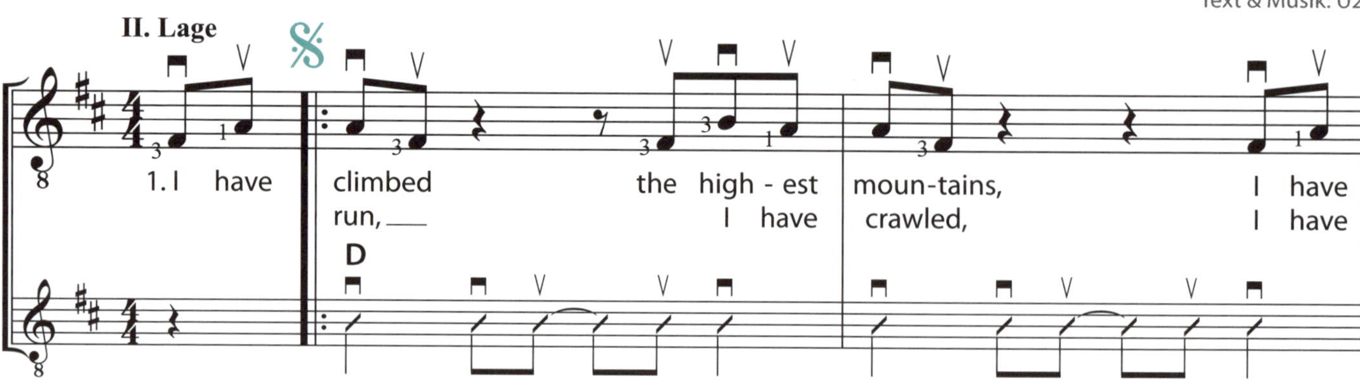

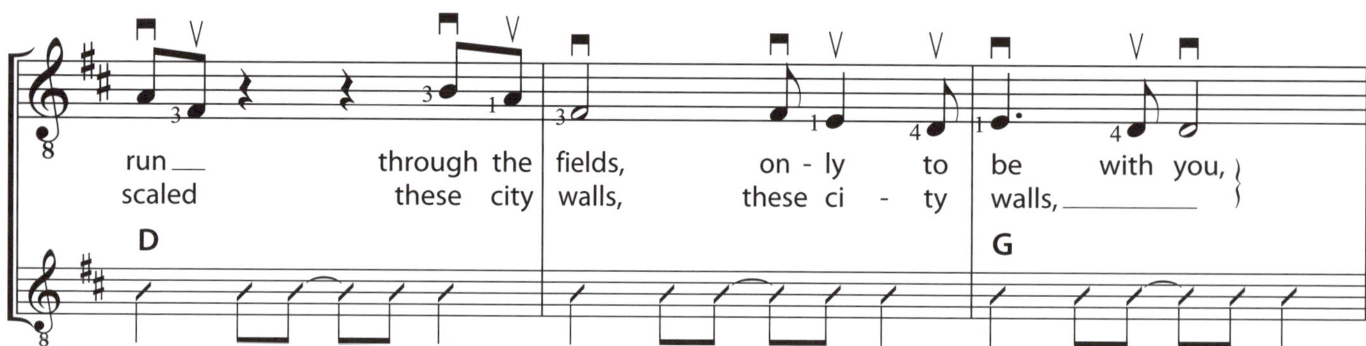

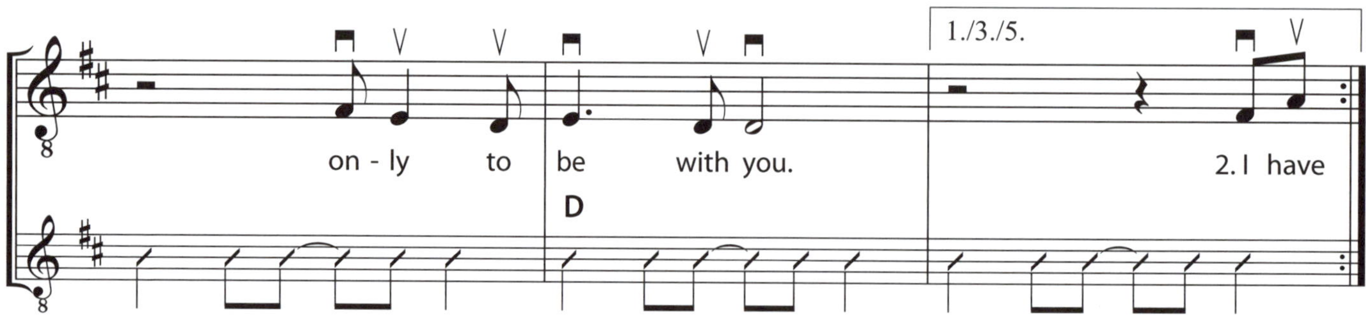

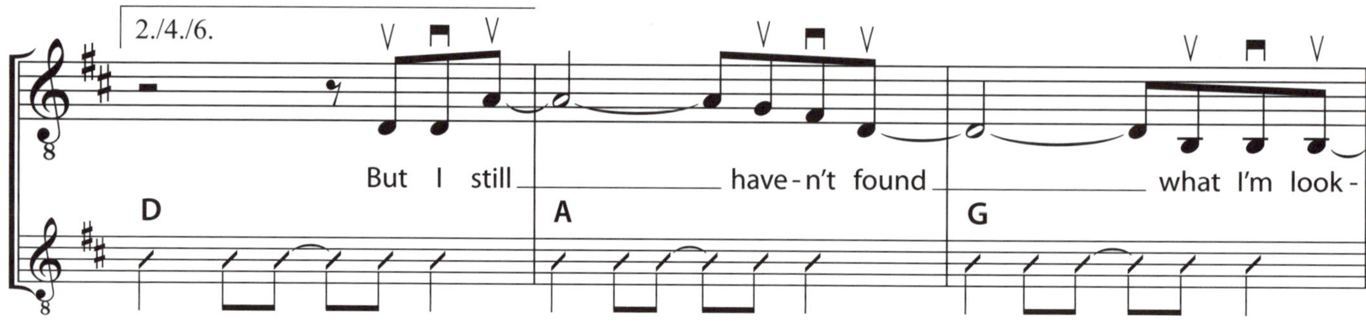

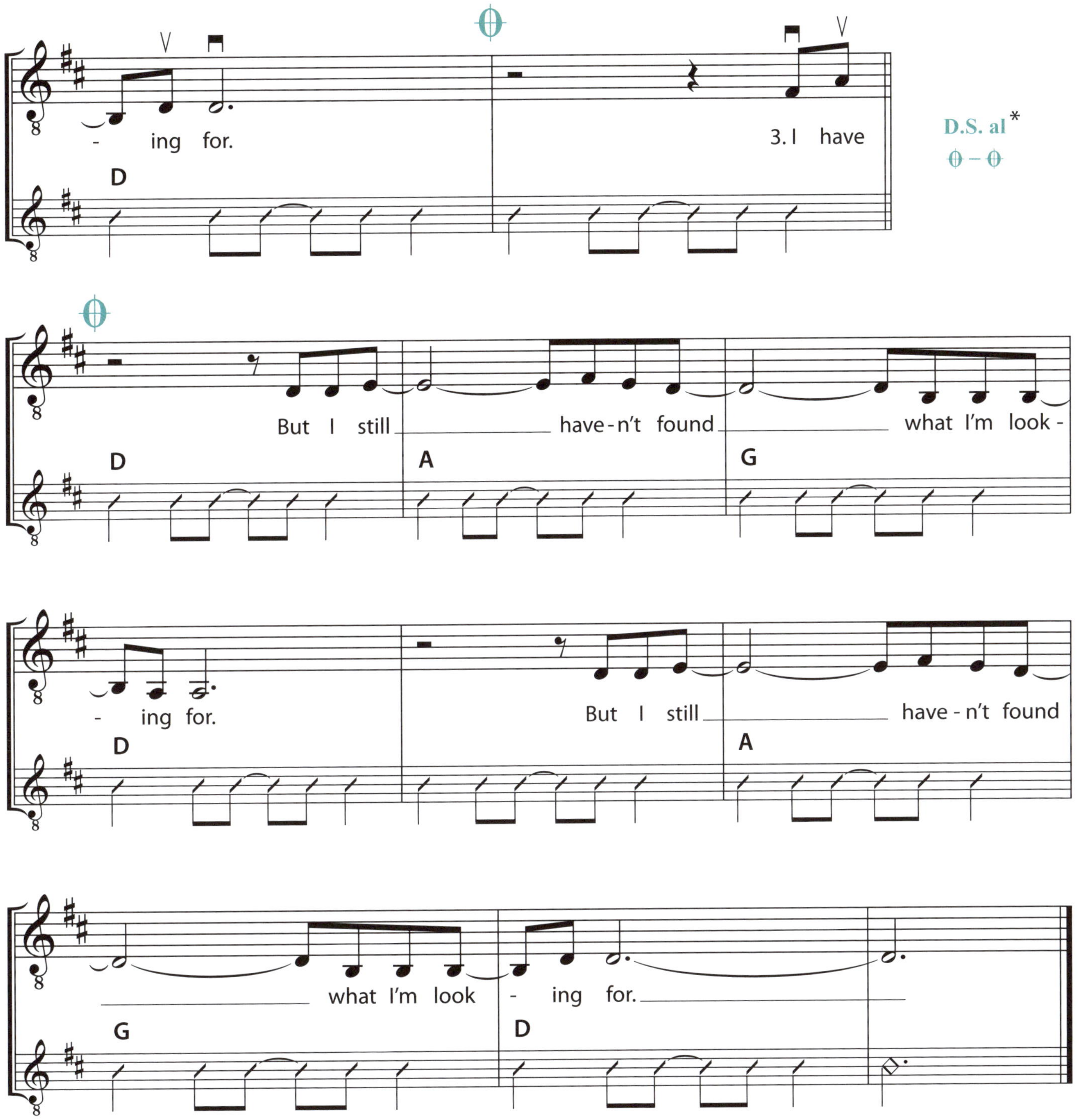

- ing for. 3. I have

D

D.S. al*
𝄌 – 𝄌

𝄌

But I still ___ have-n't found ___ what I'm look -

D A G

- ing for. But I still ___ have - n't found

D A

___ what I'm look - ing for. ___

G D

3. *I have kissed honey lips,*
felt the healing in her finger tips.
It burned like fire, this burning desire.

4. *I have spoke with the tongue of angels,*
I have held the hand of a devil.
It was warm in the night, I was cold as a stone.

5. *I believe in the Kingdom Come,*
then all the colours will bleed into one.
Bleed into one, but yes, I'm still running.

6. *You broke the bonds and you loosed the chains,*
carried the cross of my shame.
Oh my shame, you know I believe it.

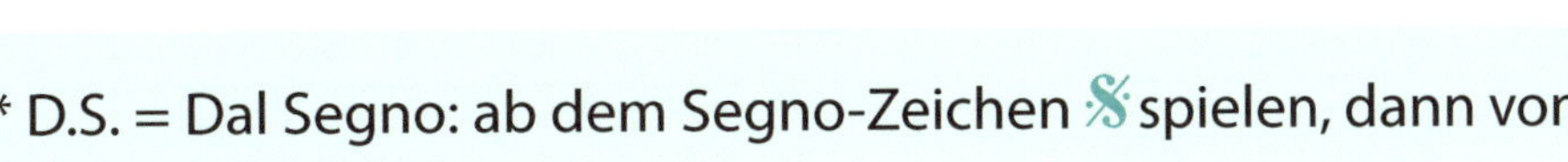

Bei diesem Lied springst du erst nach der 6. Strophe in den Kopf.

Sechzehntelnoten

Sechzehntel sind doppelt so schnell wie Achtelnoten. Bei einer 4er-Sechzehntelgruppe betonen wir immer die eins. Schau dir beim Notenbeispiel genau an, wie du richtig zählst.

Rhythmus

Klatsche die Übung und zähle laut dazu.

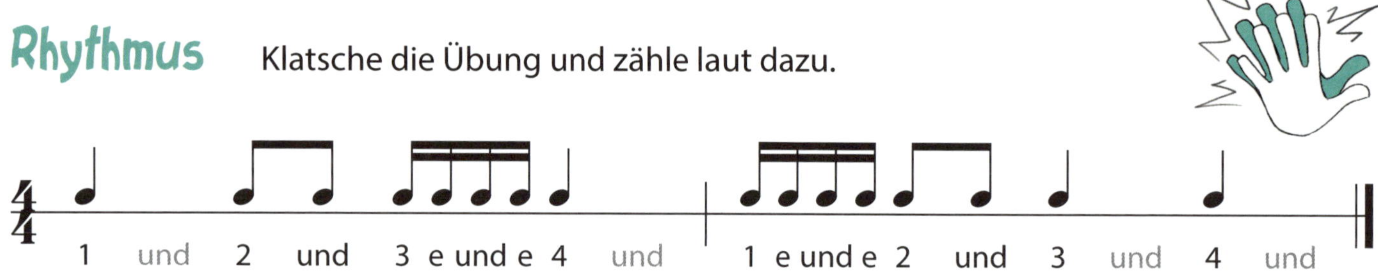

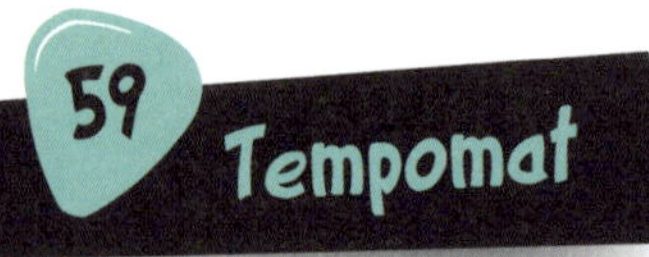

Klatsche zuerst nur den Rhythmus. Beginne mit langsamen Viertelnoten, damit die nachfolgenden Sechzehntel nicht zu schnell werden. Wenn du den Rhythmus sicher klatschen kannst, spiele das Stück auf der E-Gitarre.

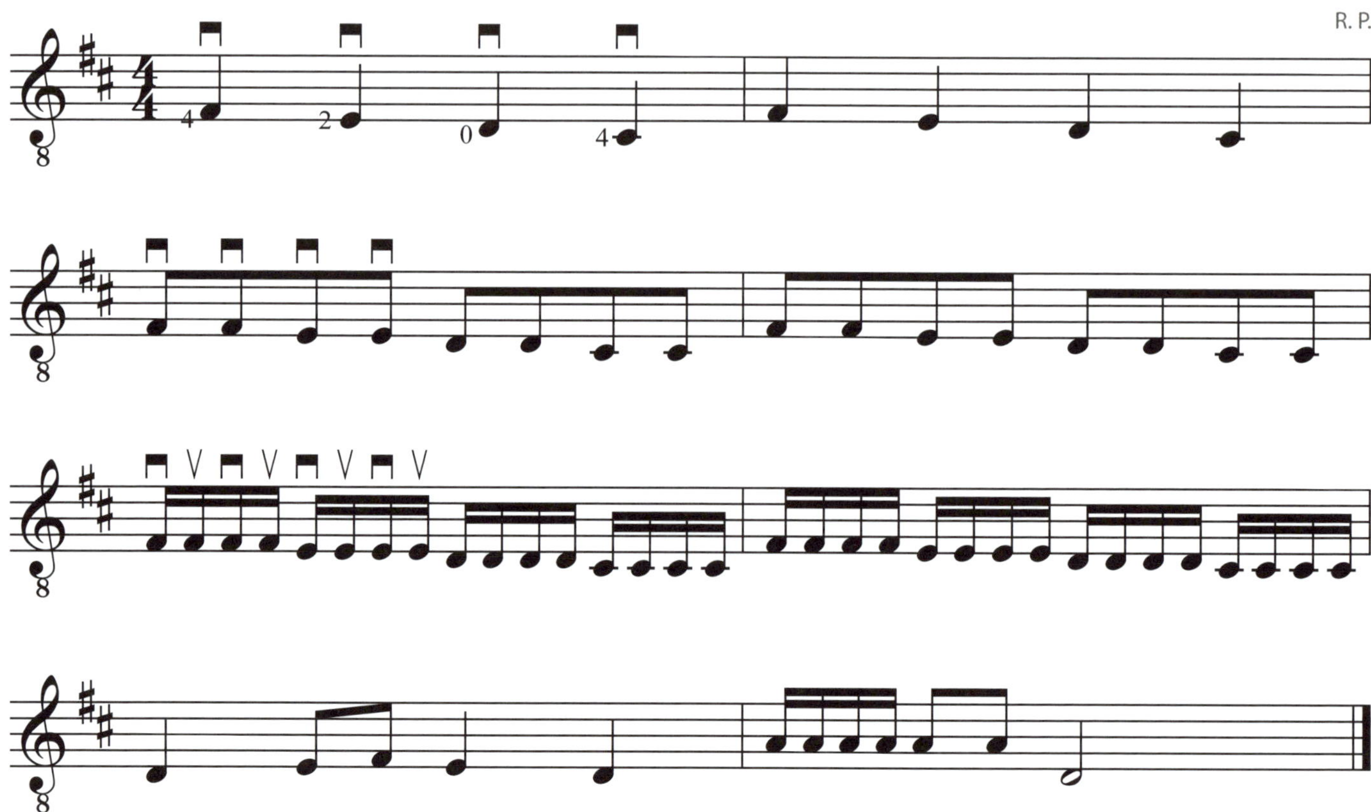

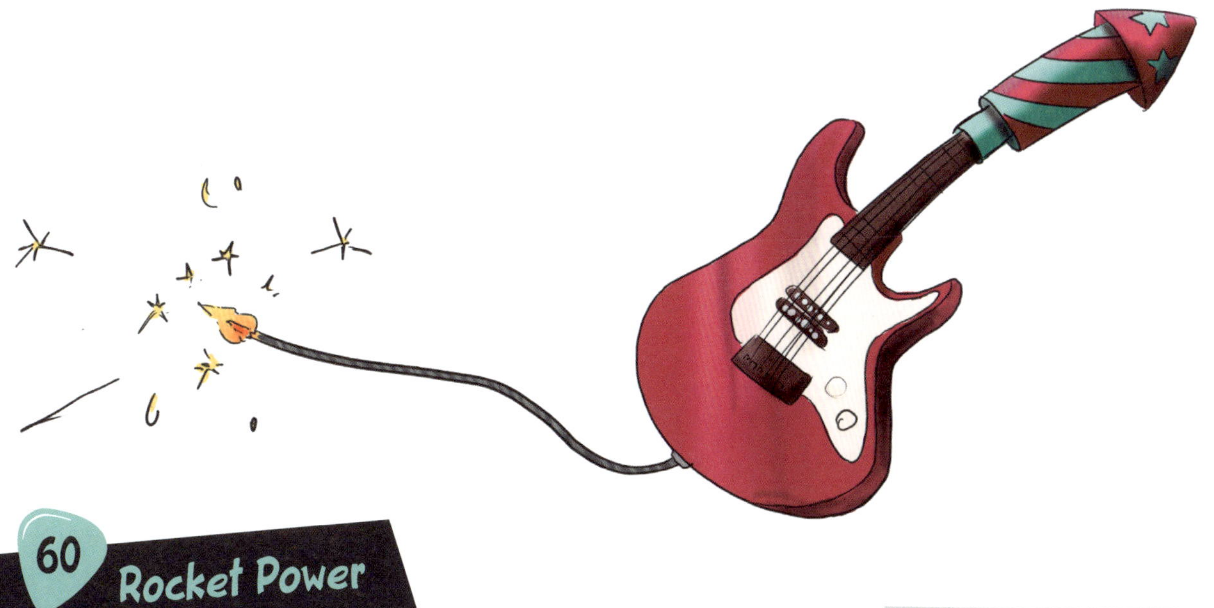

60 Rocket Power

Klatsche auch dieses Stück zuerst,
bevor du es im Anschluss mit Powerchords spielst.
Greife den A⁵ am 5. Bund (V).

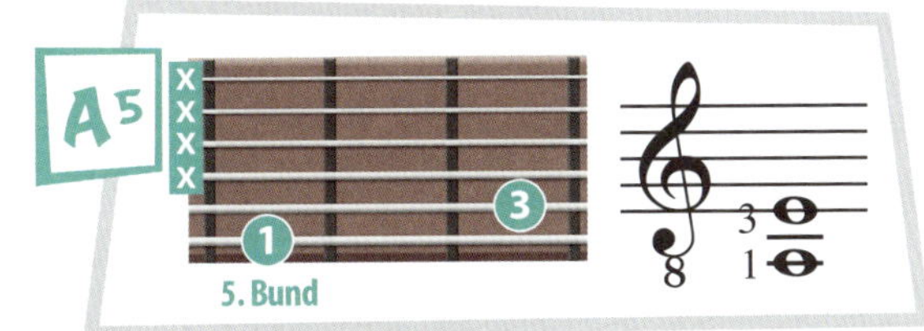

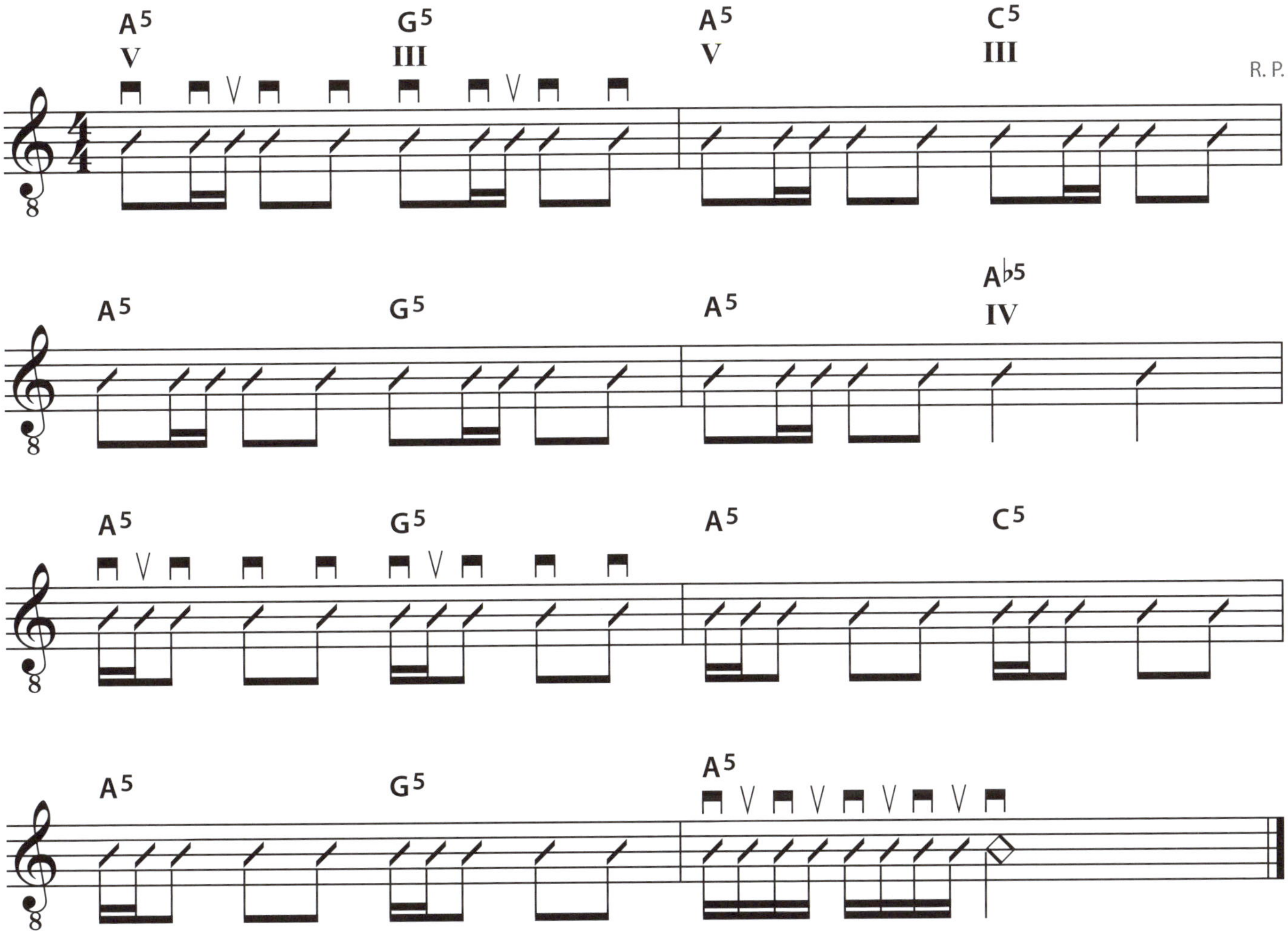

R. P.

A5 V | G5 III | A5 V | C5 III

A5 | G5 | A5 | A♭5 IV

A5 | G5 | A5 | C5

A5 | G5 | A5

A-Moll-Pentatonik

Die Pentatonik ist eine Tonleiter, die aus fünf verschiedenen Tönen besteht.
Wir spielen die A-Moll-Pentatonik in der V. Lage, der erste Finger beginnt also am 5. Bund.

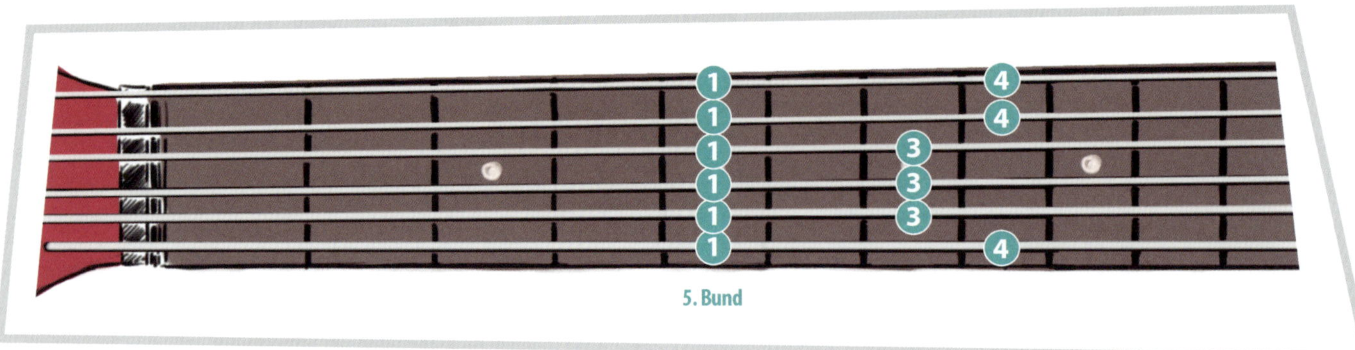

61 Die A-Moll-Pentatonik

Die Zahlen in den Kreisen sagen dir, auf welcher Saite du spielst.

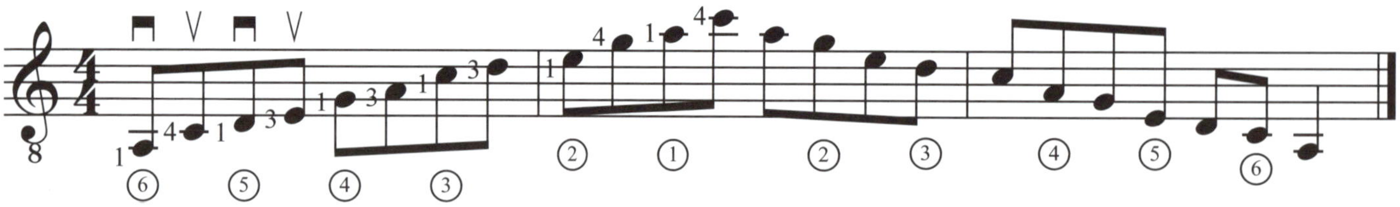

V. Lage

Viele Gitarristen verwenden die Pentatonik, um über Rock-Songs zu improvisieren. Im YouTube-Video siehst du, was man alles mit der Pentatonik machen kann.

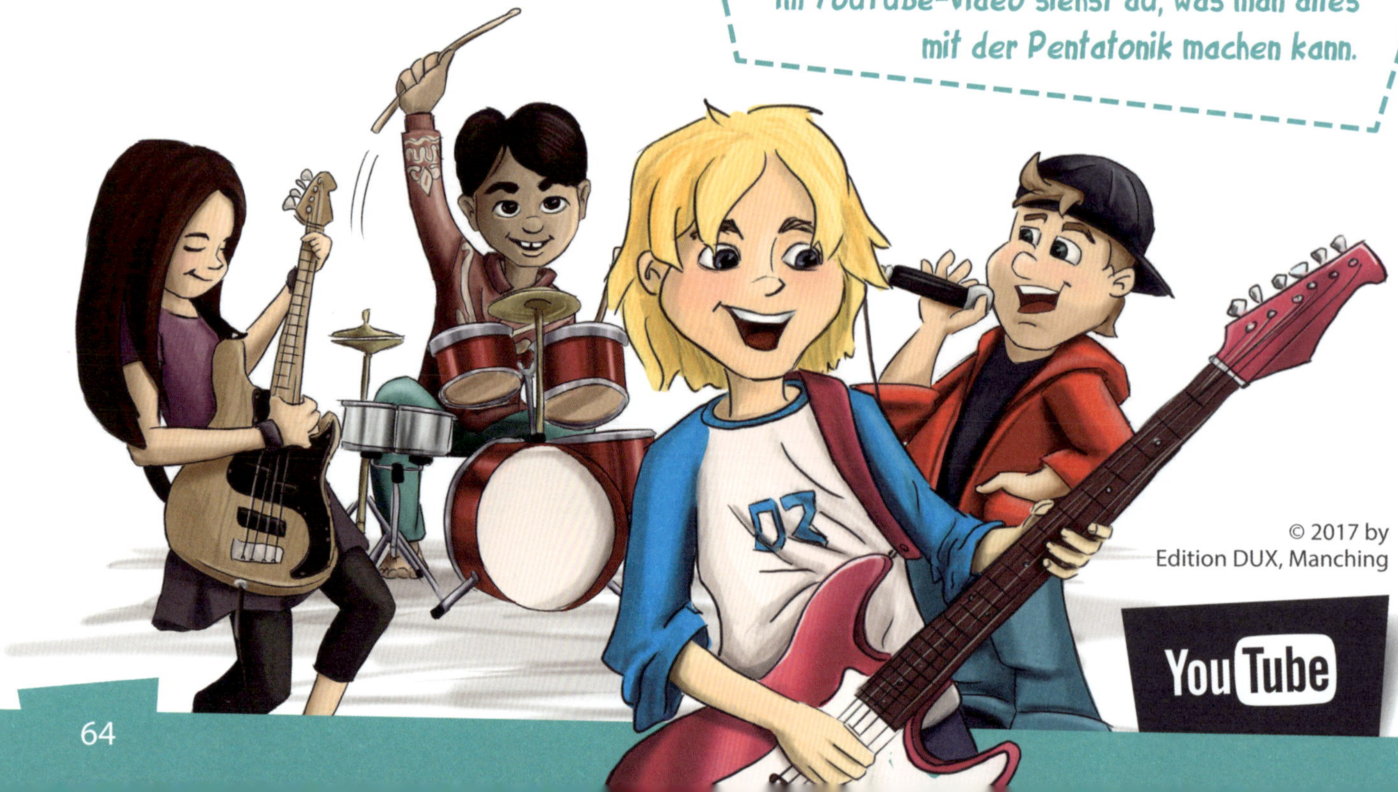

YouTube

62 Fünf Freunde Play-along

„Fünf Freunde" besteht aus den Tönen der Pentatonik und wird in der V. Lage gespielt.

Spiele das Lied zum Play-along von „Blues For You".
Danach improvisiere über die Akkordfolge. Du kannst alle Töne der Pentatonik verwenden.

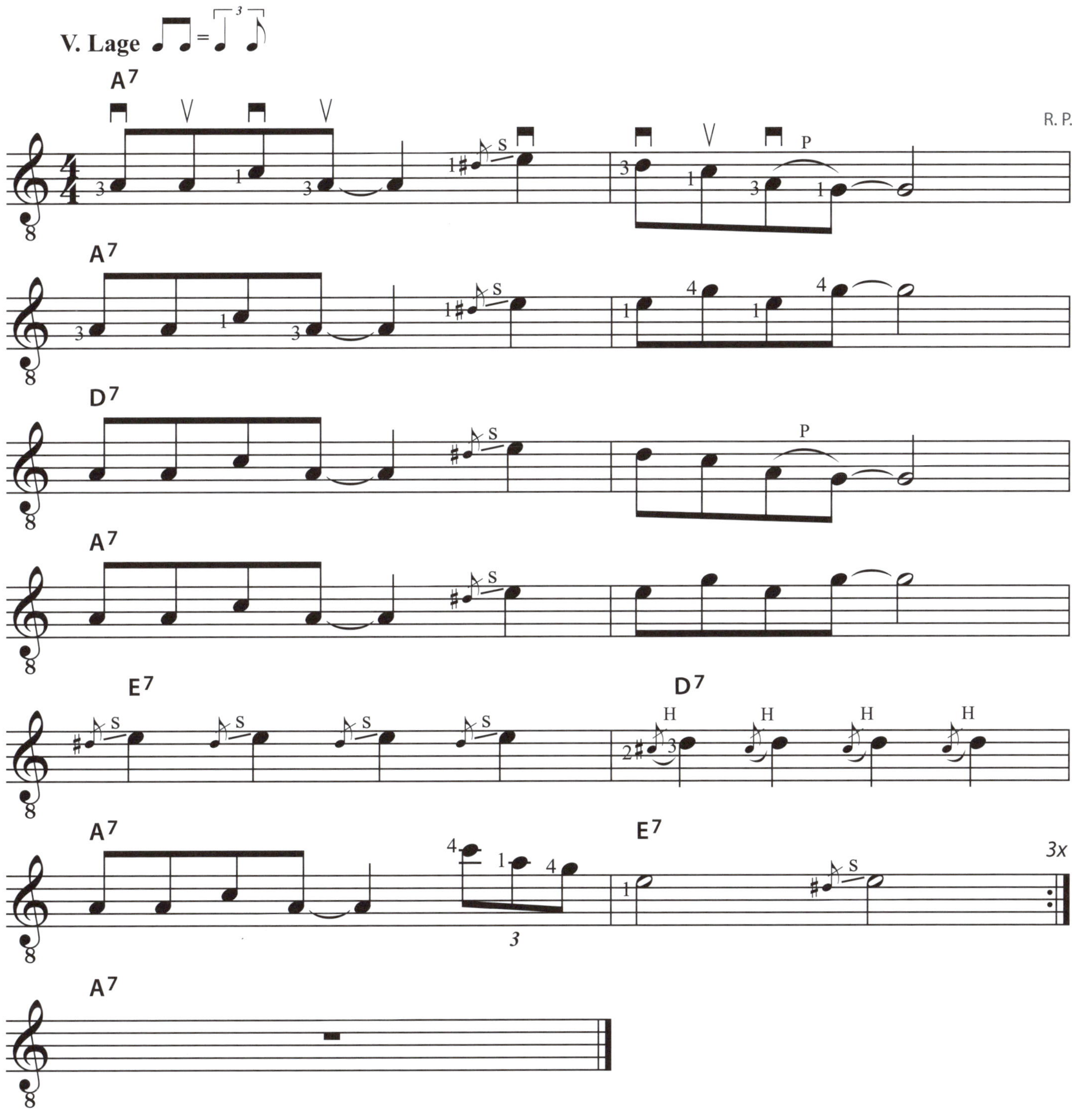

YouTube

7 Der kleine Barrégriff und weitere Akkorde

F-Dur als kleiner Barré

Den F-Dur-Akkord spielen wir hier als kleinen Barrégriff. Der erste Finger muss in diesem Fall zwei Töne gleichzeitig greifen.

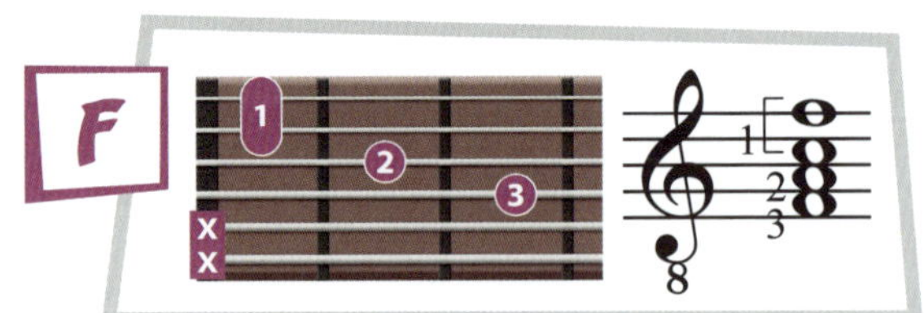

Wir schlagen den F-Dur ab der D-Saite an, die E- und A-Saite sollen nicht klingen.

63 F-Dur, der kleine Barrégriff

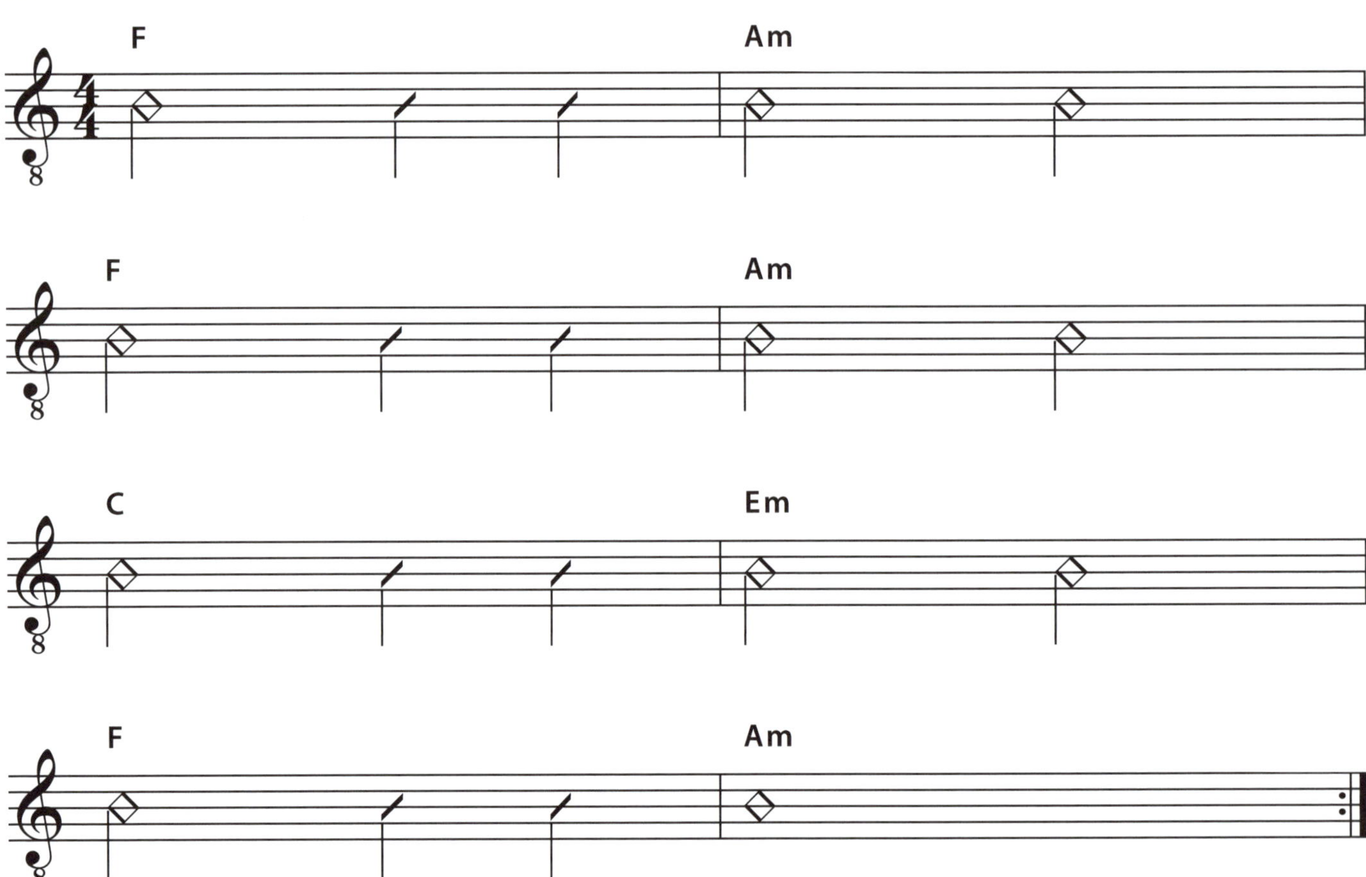

Barré
ist eine Spieltechnik der linken Hand, bei der mit einem Finger mehrere Saiten gleichzeitig gegriffen werden.

64 Spanische Kadenz

E-Dur

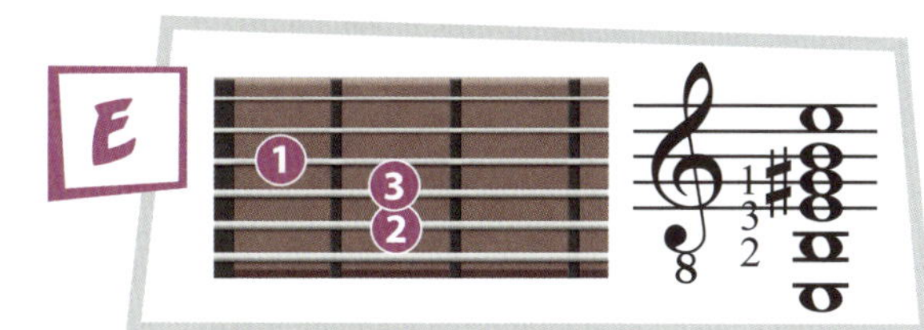

Die Akkordfolge Am - G - F - E wird oft auch als Spanische (oder Andalusische) Kadenz bezeichnet. Man findet diese Akkordfolge häufig im Flamenco, der traditionellen spanischen Musik.

Spiele zuerst die Akkordfolge und dann die Melodie.

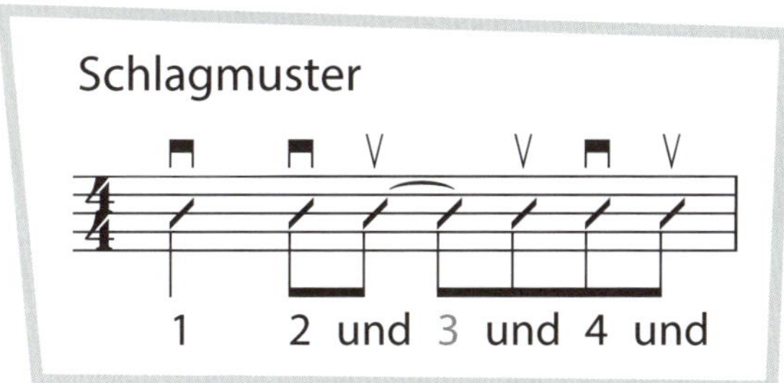

R. P.

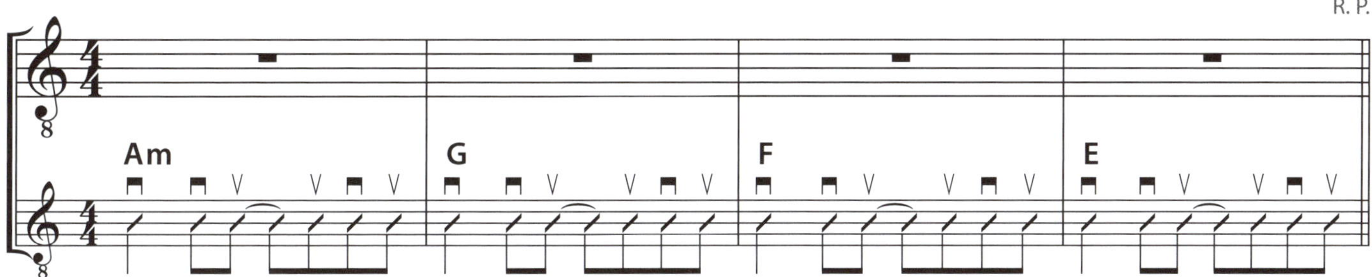

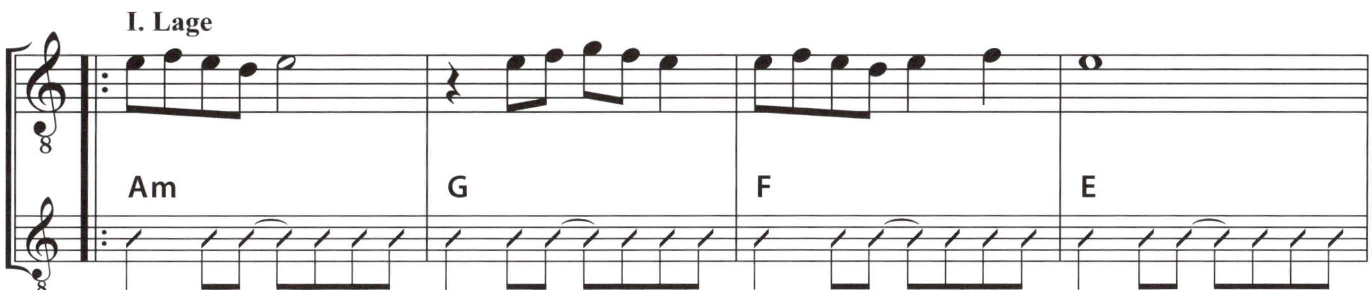

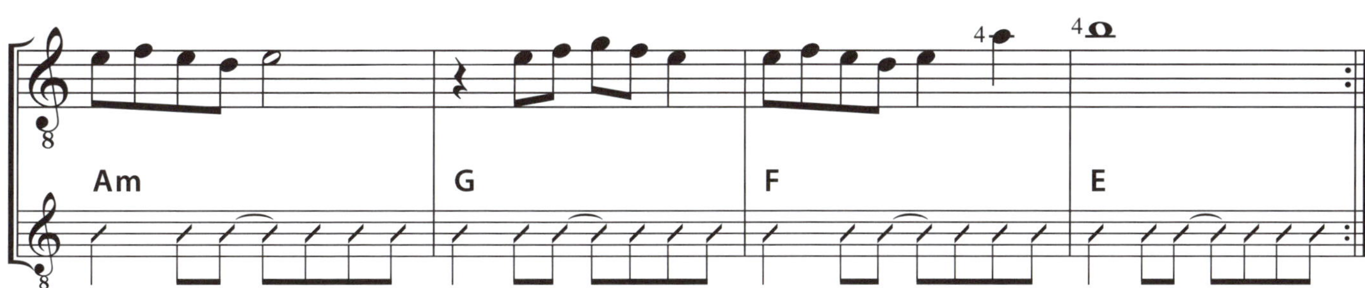

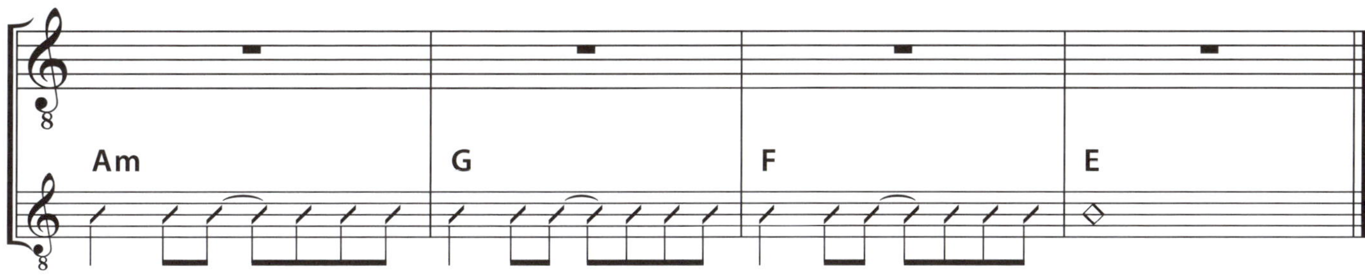

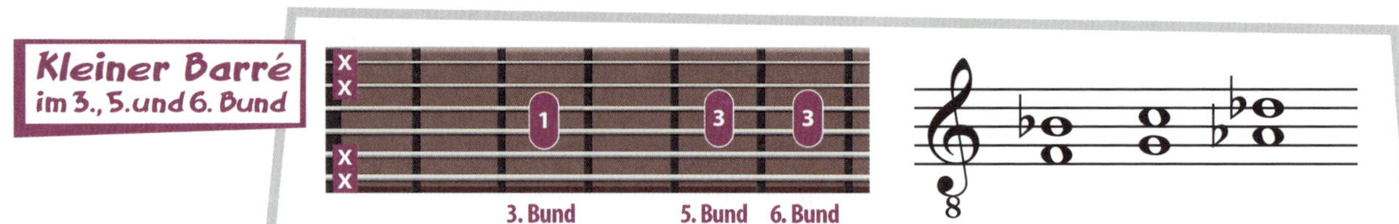

65 Quarten-Power

In diesem Stück spielen wir einige kleine Barrégriffe.
Achte darauf, dass beide Töne immer sauber klingen und nicht schnarren.

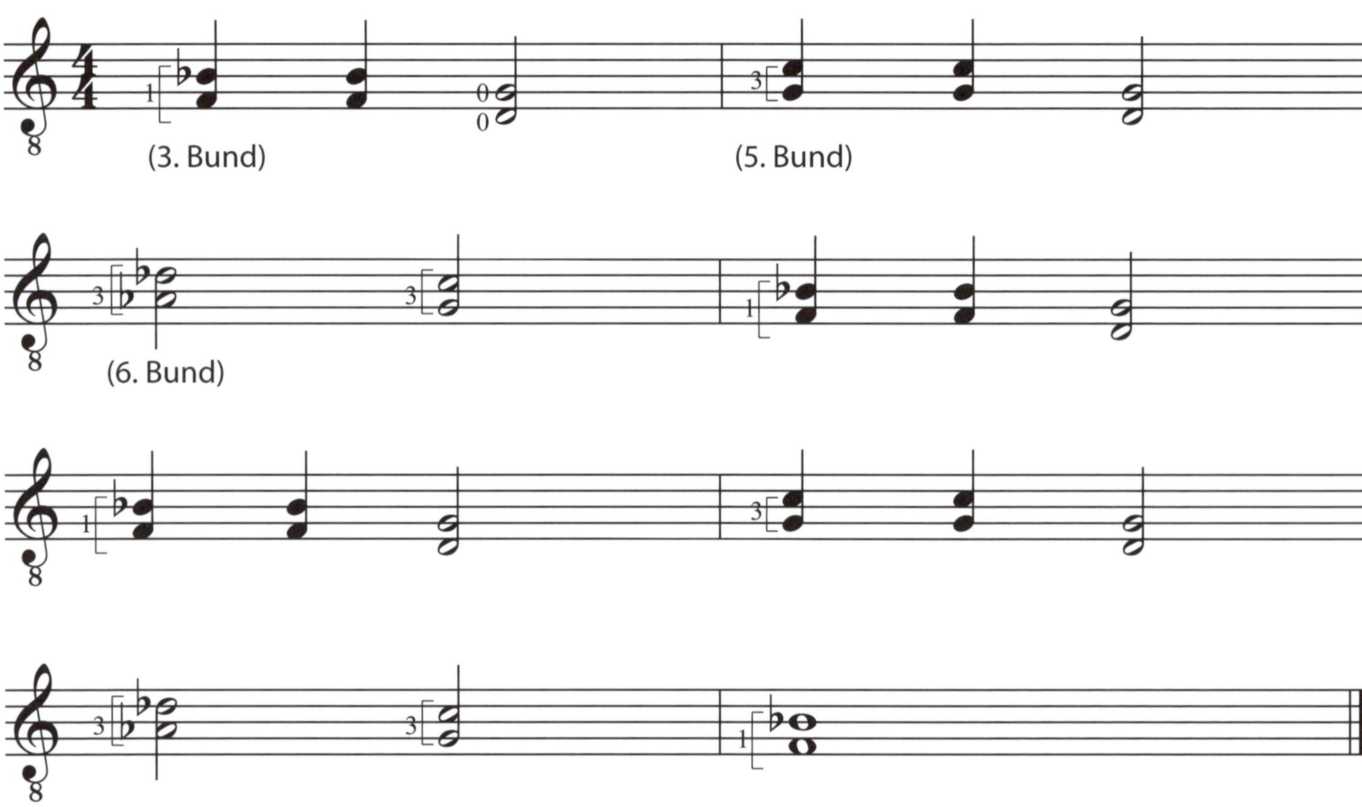

Gehör-Training

Kennst du diese beiden Rock-Klassiker? Versuche die Riffs mit den vorgegebenen Tönen nach Gehör zu spielen. Finde die Reihenfolge und den Rhythmus selbst heraus.

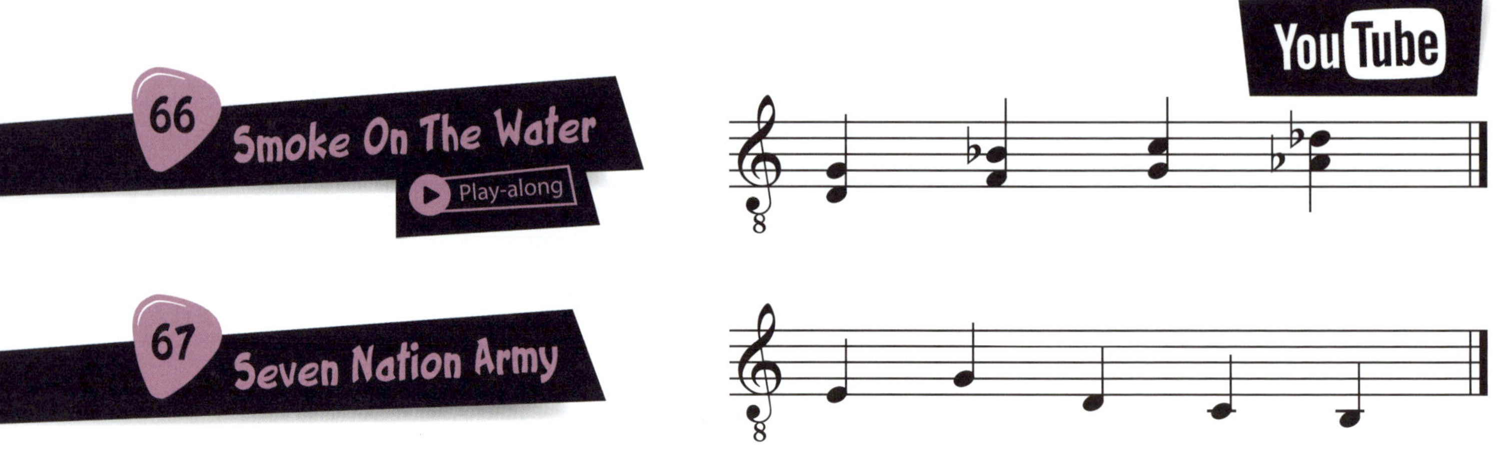

Der 6/8-Takt

Im 6/8-Takt sind in jedem Takt Noten im Wert von sechs Achteln.
Wir zählen nicht mehr in Vierteln, sondern in Achteln! Die Zählzeiten 1 und 4 werden leicht betont. Sie sind mit einem Akzent (>) gekennzeichnet.

Klatsche beide Übungen und zähle laut dazu.

Rhythmus 1

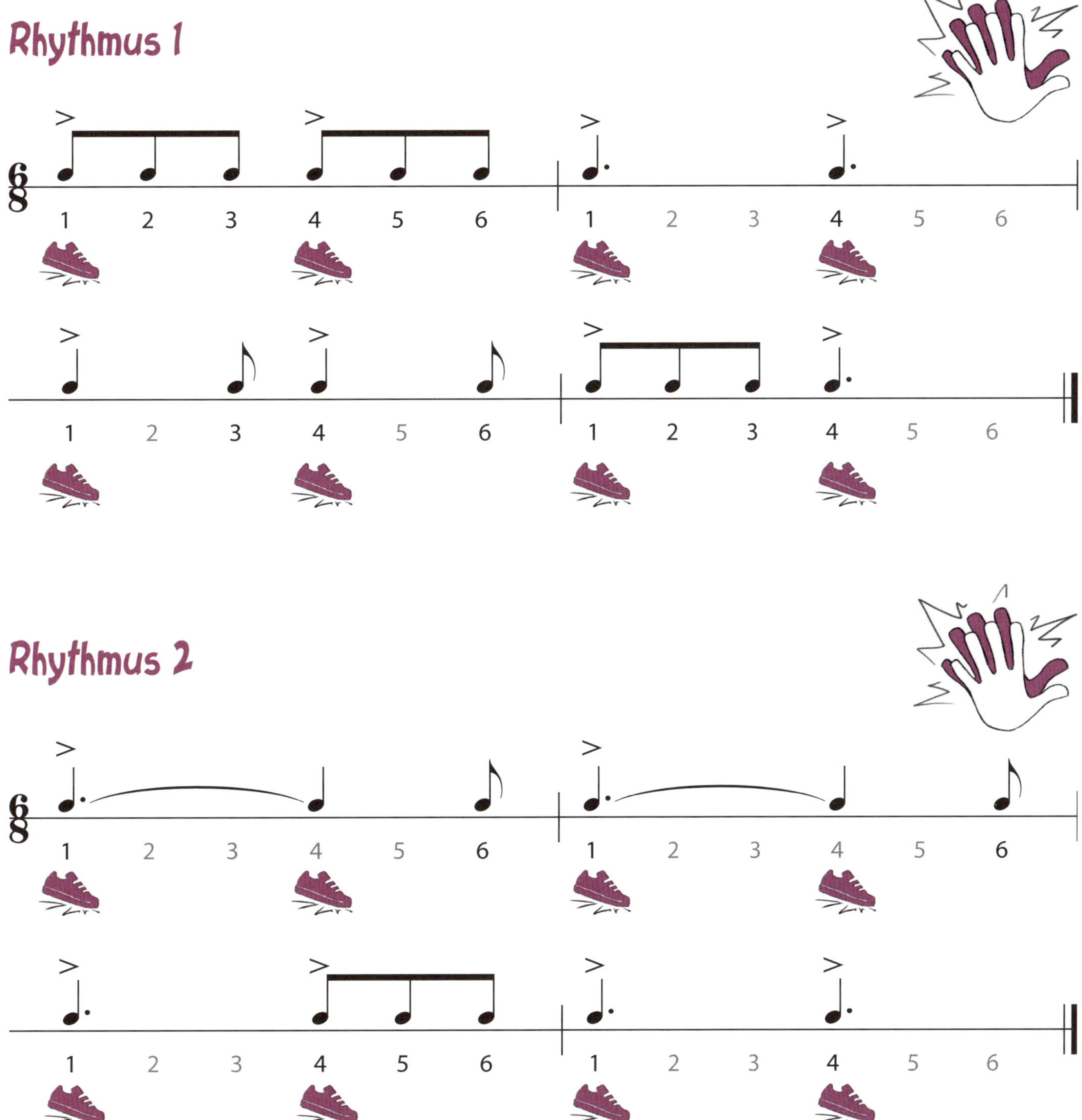

Rhythmus 2

Das gis auf der G-Saite

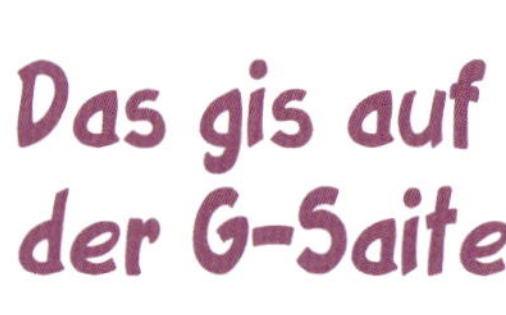

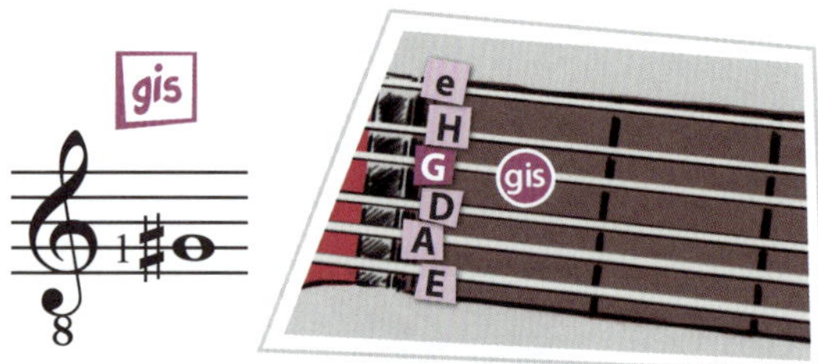

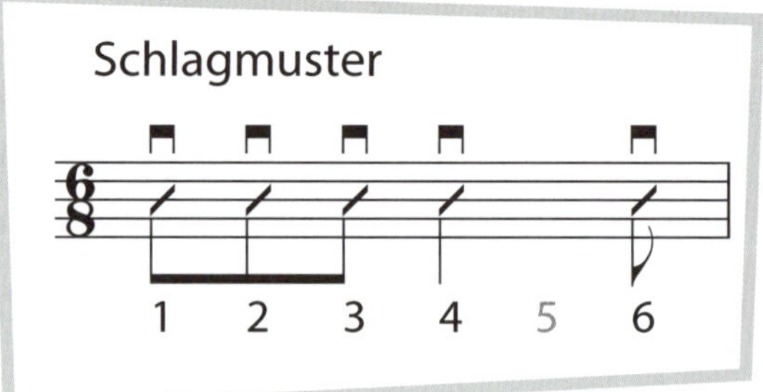

68 The House Of The Rising Sun

Trad.

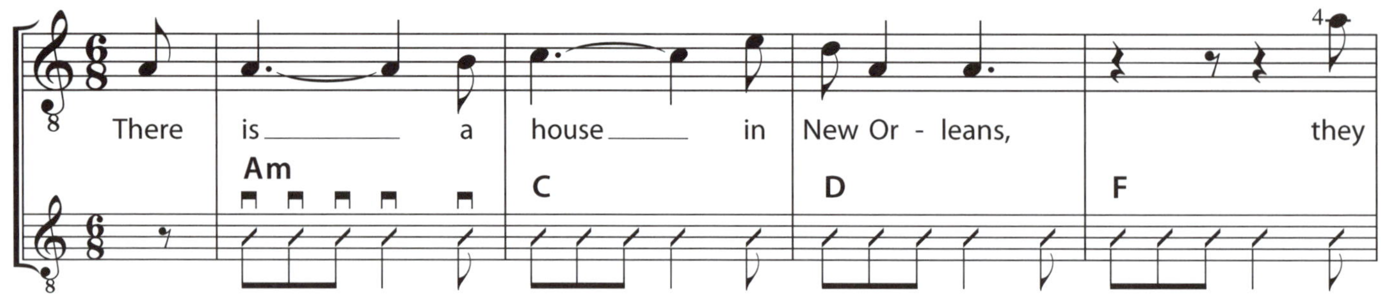

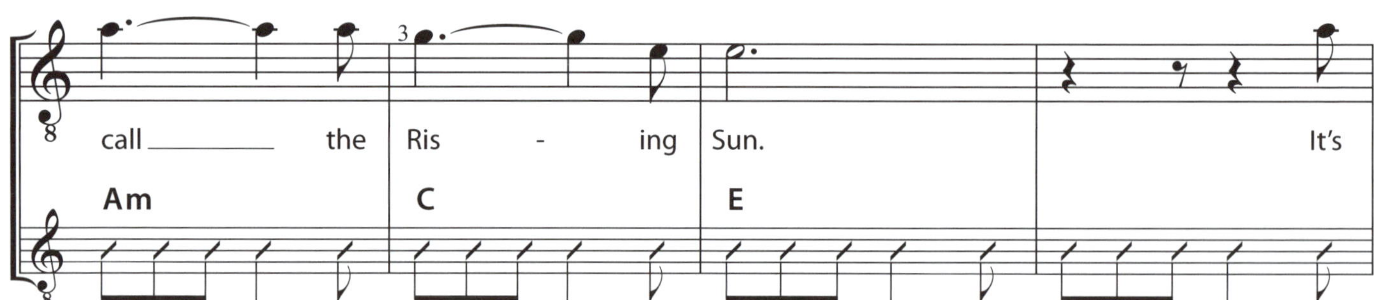

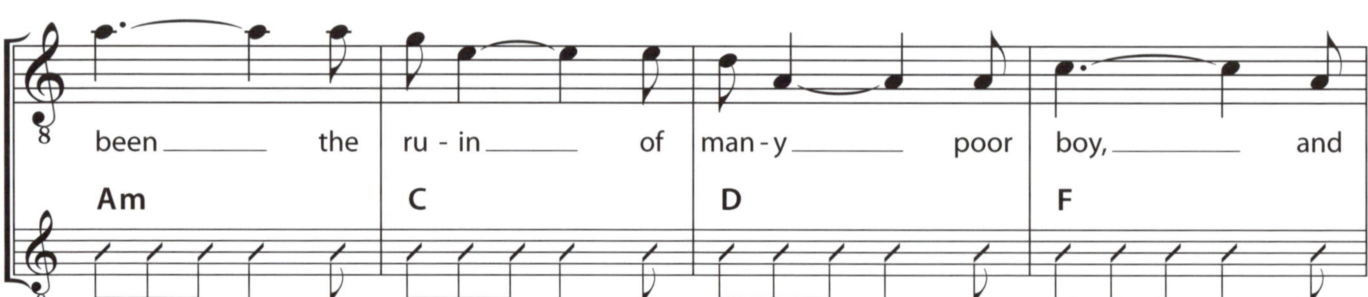

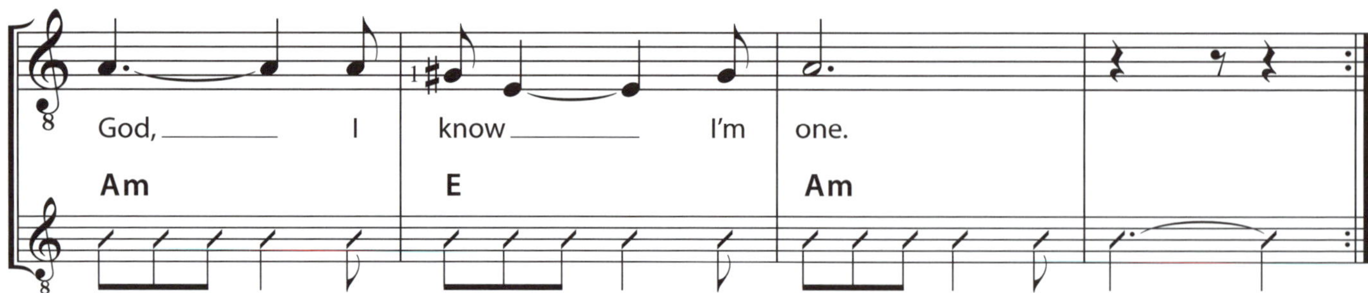

Am C D F Am C E
2. Verse My mother was a tailor. She sewed my new blue jeans.
Am C D F Am E Am
My father was a gamblin' man, down in New Orleans.

Slash-Akkord

Jetzt lernst du den ersten Slash-Akkord (engl. slash chord) kennen: D/F♯
Als Slash-Akkord bezeichnet man einen Akkord, dessen Grundton nicht im Bass liegt.
Das F♯ nach dem Schrägstrich ist in diesem Fall der Basston.

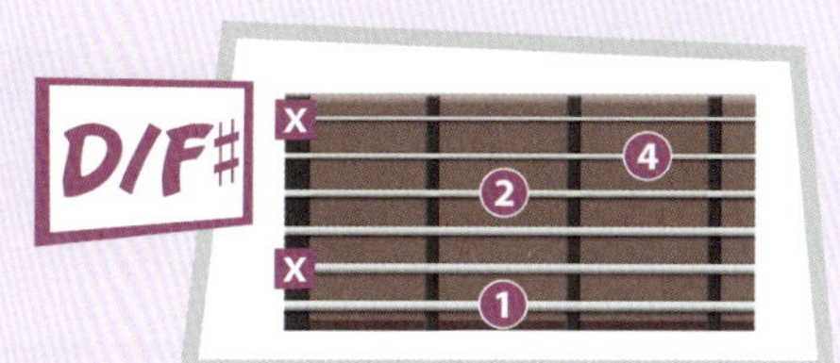

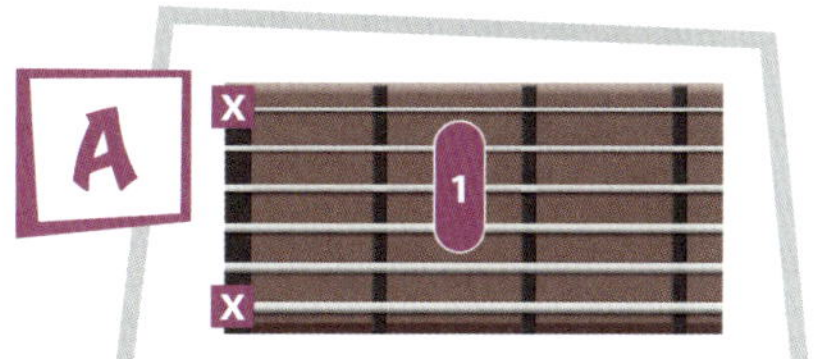

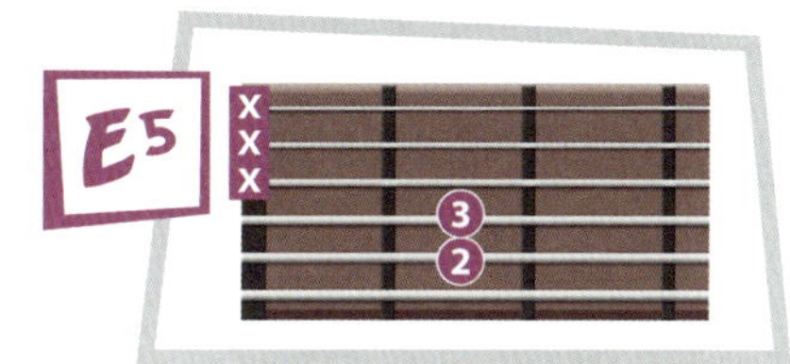

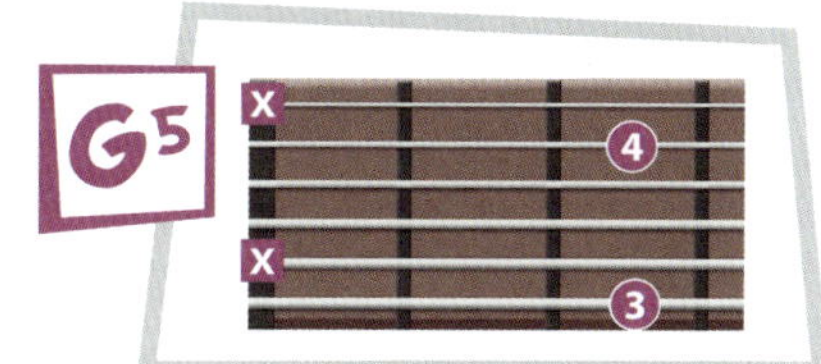

Achte darauf, dass bei den Akkorden D/F# und G⁵ die A-Saite nicht zu hören ist. Dies erreichst du, indem der 1. Finger beim Greifen des D/F# die A-Saite leicht berührt und somit abdämpft. Beim G⁵ dämpft der 3. Finger die A-Saite ab.

69 Power Generation

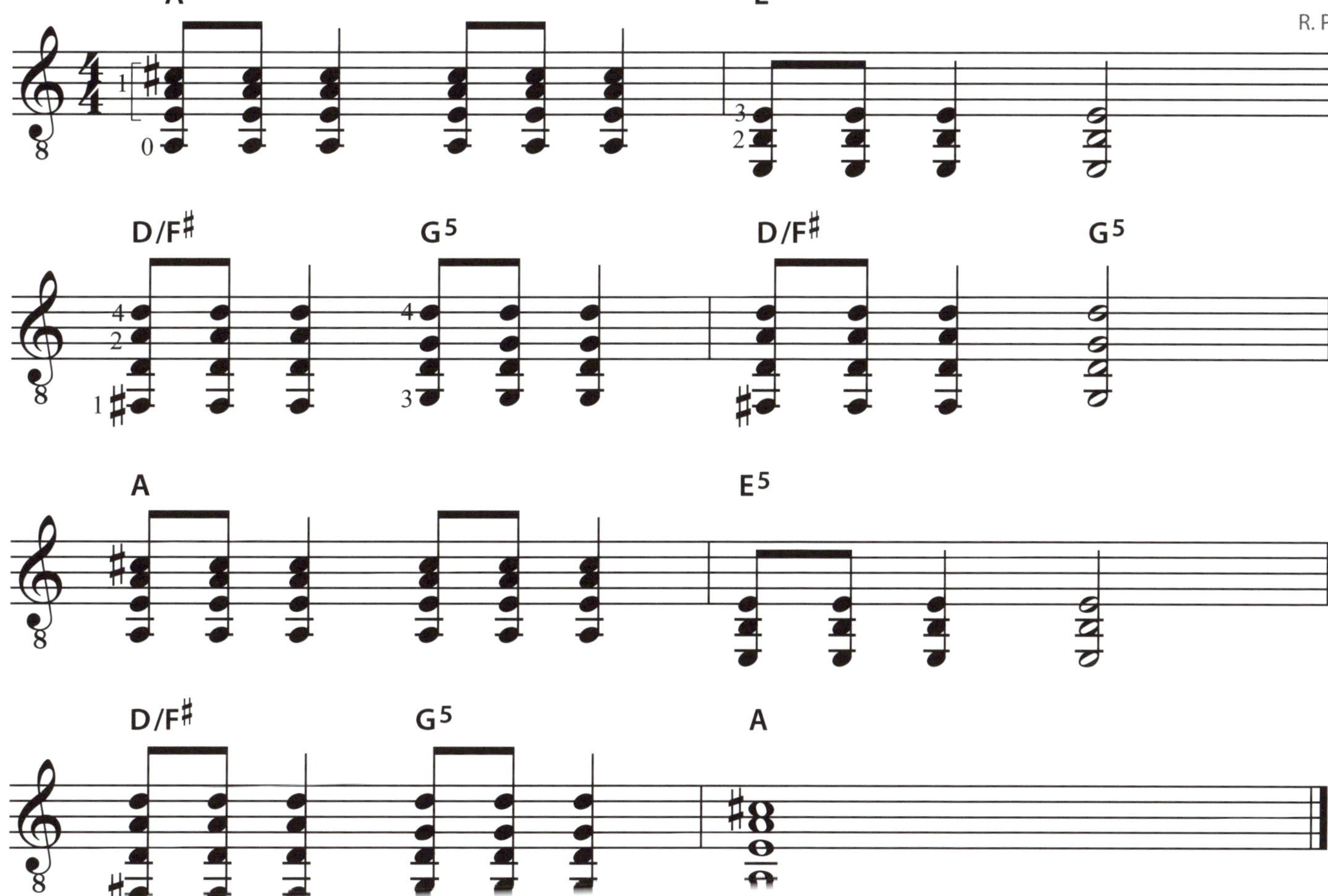

70 Highway To Hell ▶ Play-along

Spiele die Begleitung dieses Rock-Klassikers von AC/DC und singe dazu.

Text & Musik:
Angus Young, Melcolm Young, Bon Scott

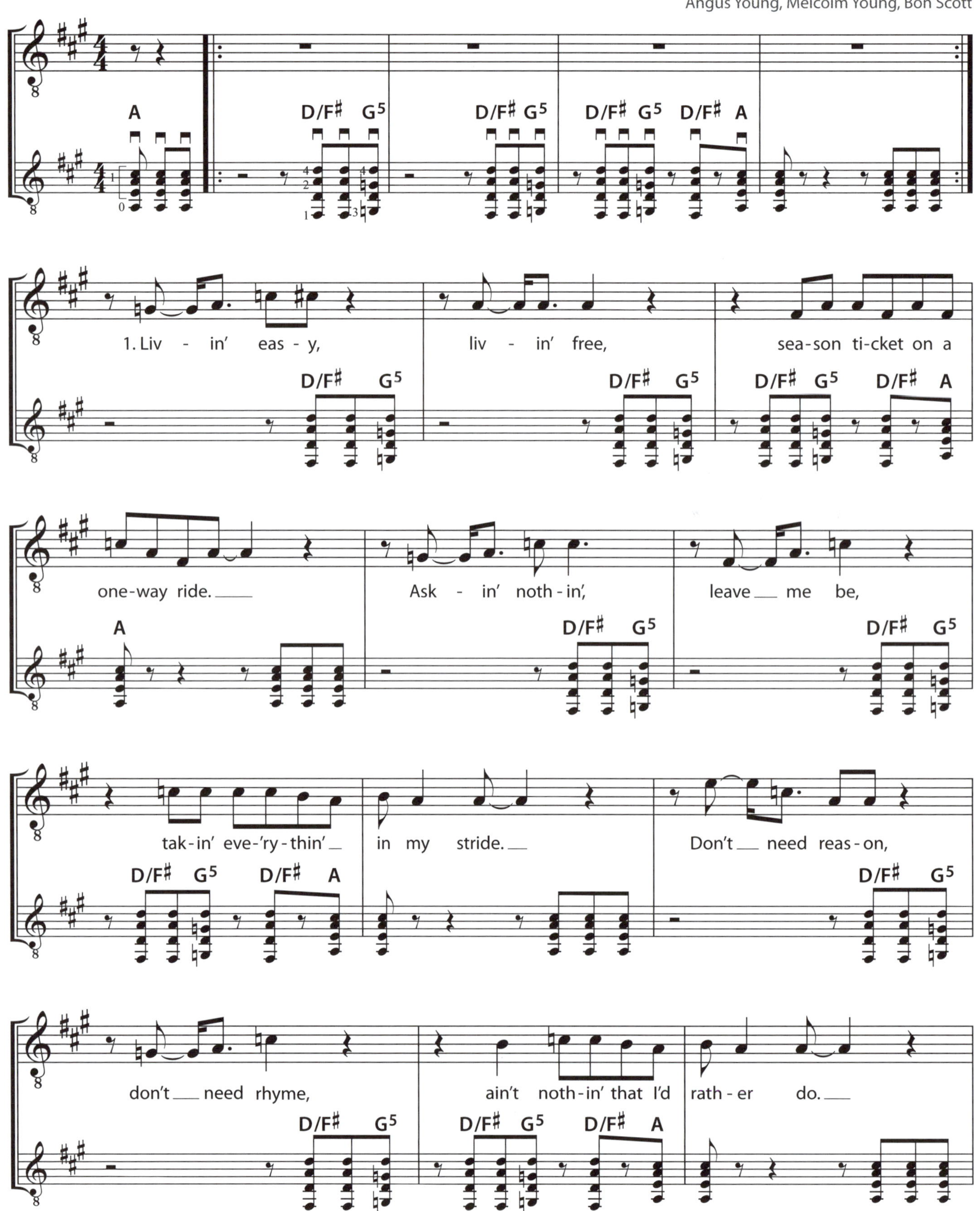

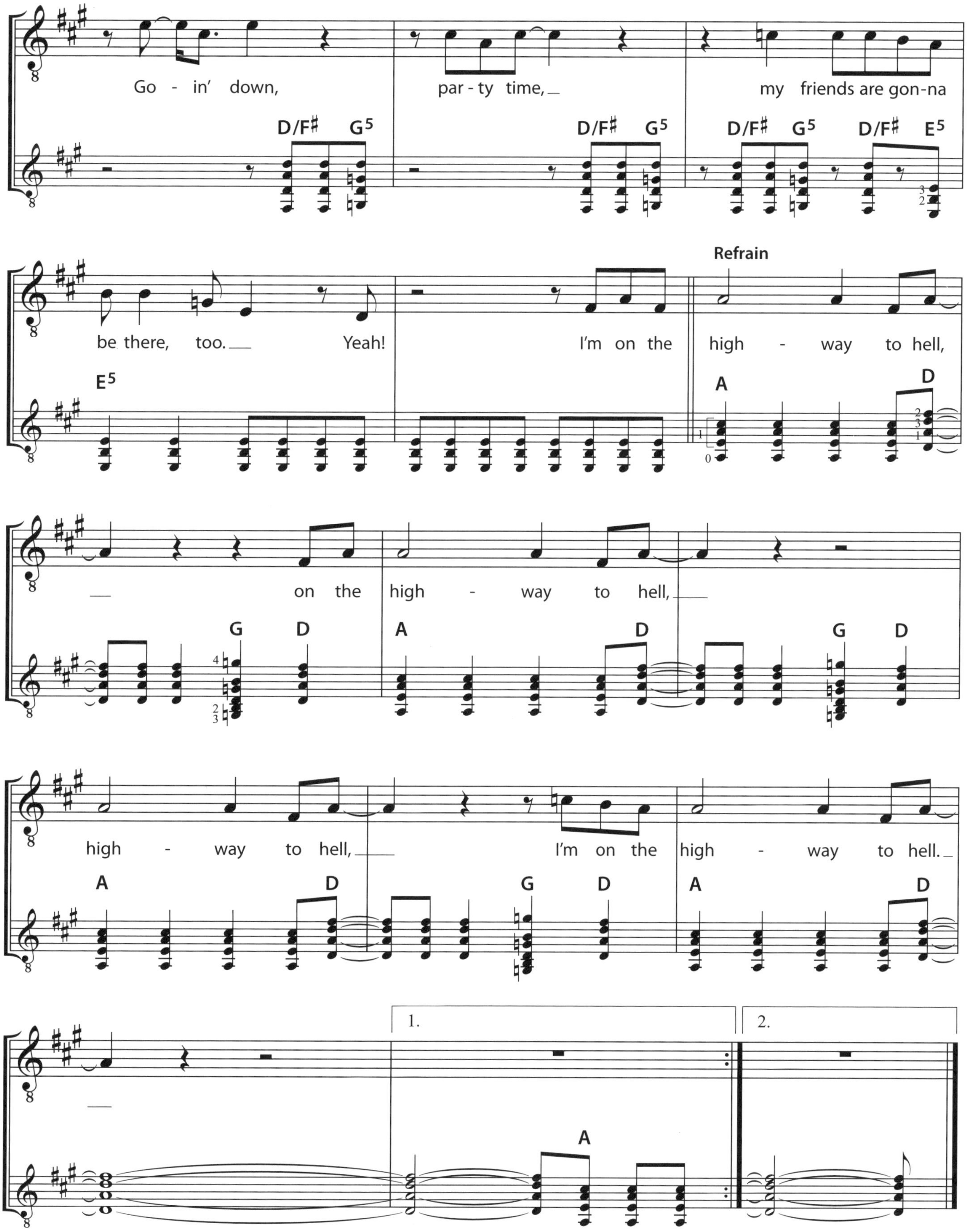

Go - in' down, par - ty time, my friends are gon-na

D/F♯ G⁵ D/F♯ G⁵ D/F♯ G⁵ D/F♯ E⁵

be there, too. Yeah! I'm on the

Refrain

high - way to hell,

E⁵ A D

on the high - way to hell,

G D A D G D

high - way to hell, I'm on the high - way to hell.

A D G D A D

1. 2.

A

2. Verse *No stop signs, speed limit, nobody's gonna slow me down.*
Like a wheel, gonna spin it, nobody's gonna mess me around.
Hey, Satan, payin' my dues, playin' in a rockin' band.
Hey, mama, look at me, I'm on my way to the promised land.

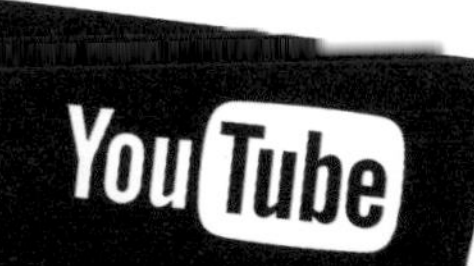

71 99 Luftballons

Dieser Song der Band Nena war nicht nur in Deutschland, sondern auch in vielen anderen Ländern der Welt ein großer Hit.

Musik & Text:
Uwe Fahrenkrog-Petersen, Carlo Karges

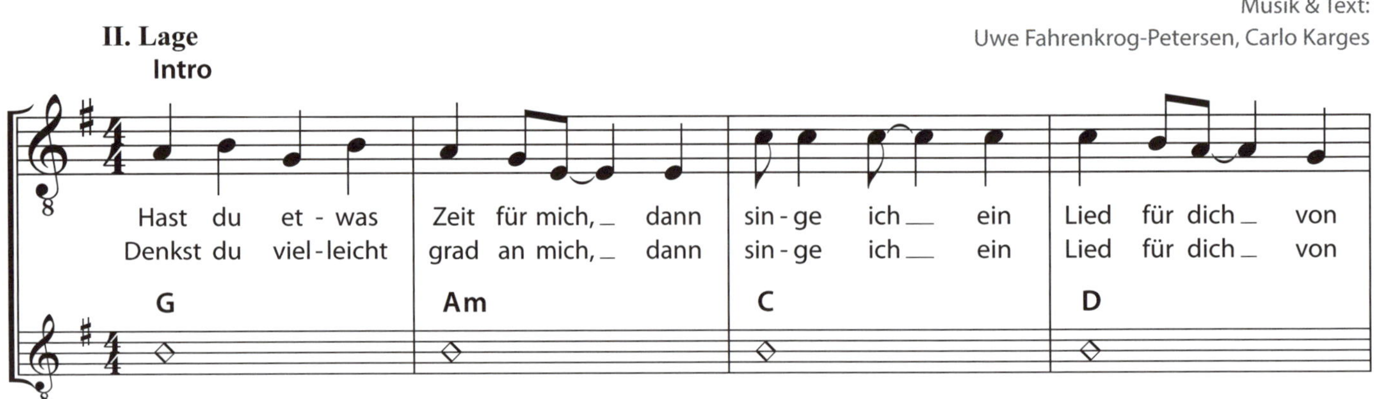

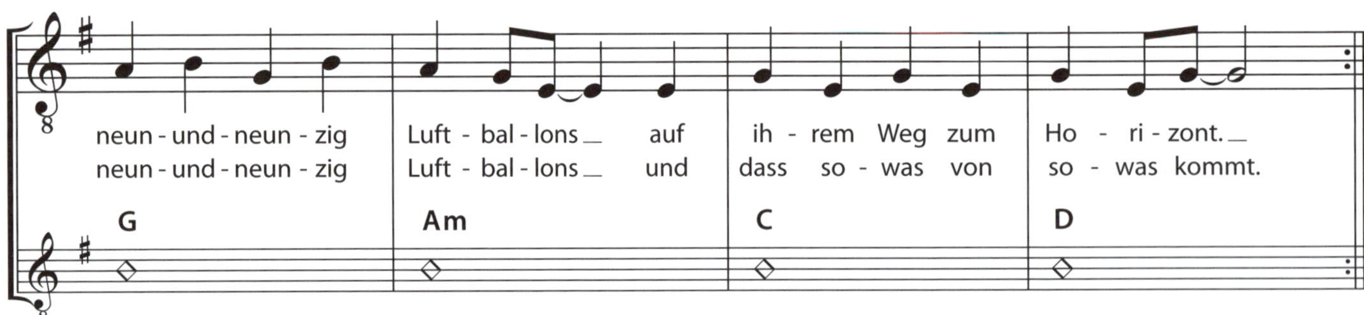

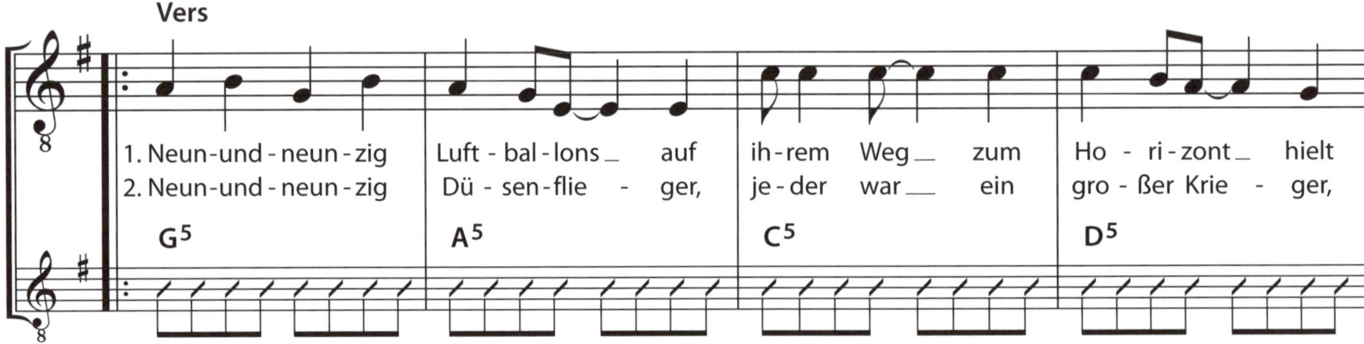

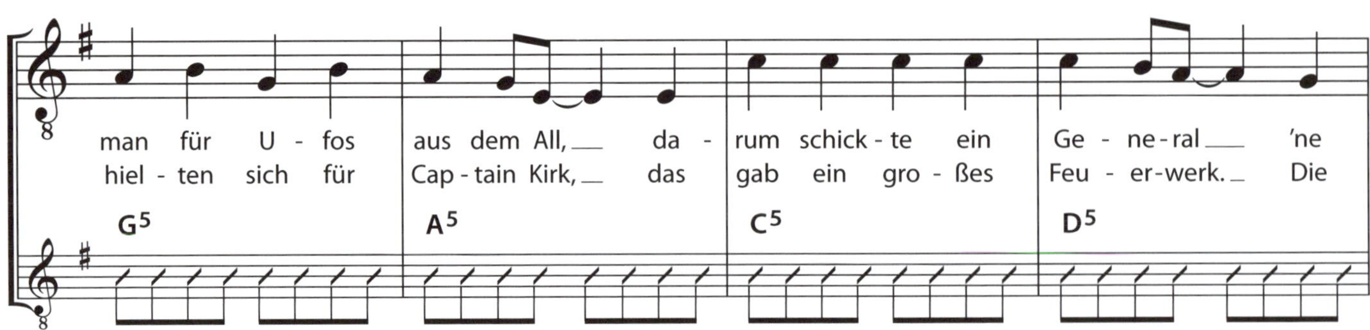

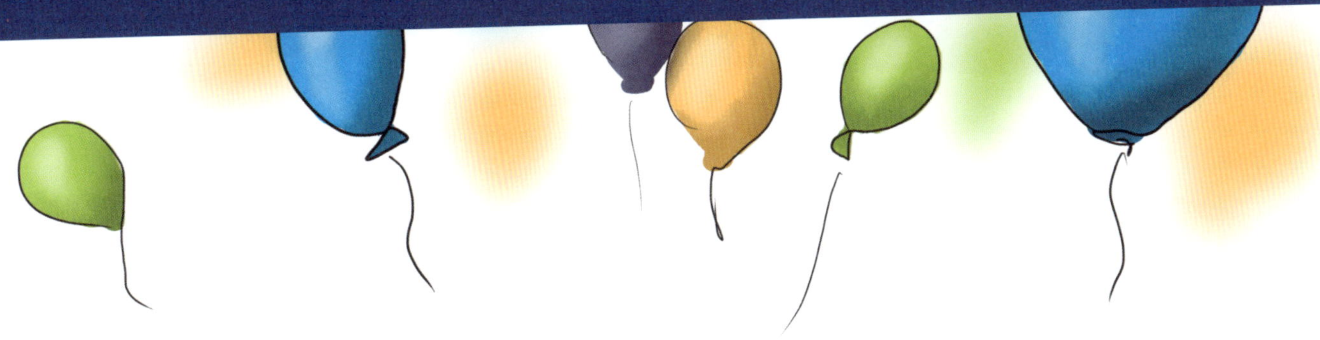

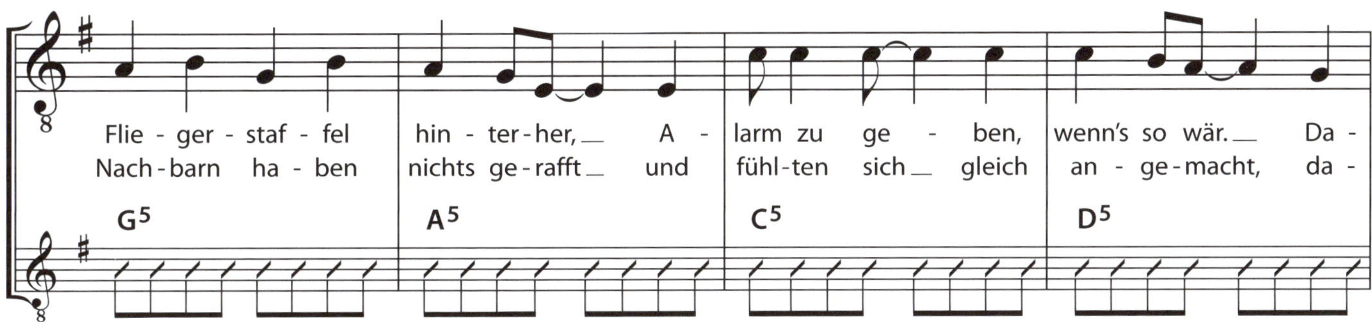

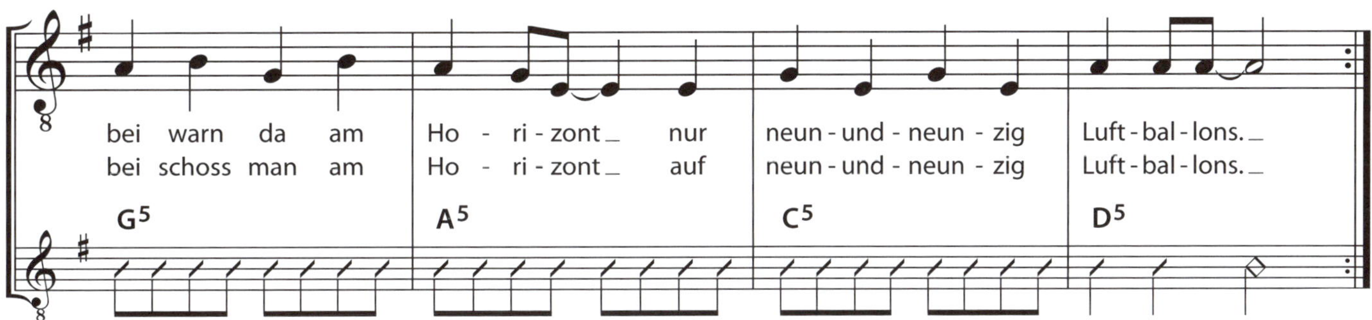

3. Strophe

Neunundneunzig Kriegsminister,
Streichholz und Benzinkanister,
hielten sich für schlaue Leute,
witterten schon fette Beute,
riefen: „Krieg!" und wollten Macht,
Mann, wer hätte das gedacht,
dass es einmal so weit kommt
wegen neunundneunzig Luftballons,
wegen neunundneunzig Luftballons,
neunundneunzig Luftballons.

4. Strophe

Neunundneunzig Jahre Krieg
ließen keinen Platz für Sieger.
Kriegsminister gibt's nicht mehr
und auch keine Düsenflieger.
Heute zieh ich meine Runden,
seh die Welt in Trümmern liegen.
Hab 'n Luftballon gefunden,
denk an dich und lass ihn fliegen.

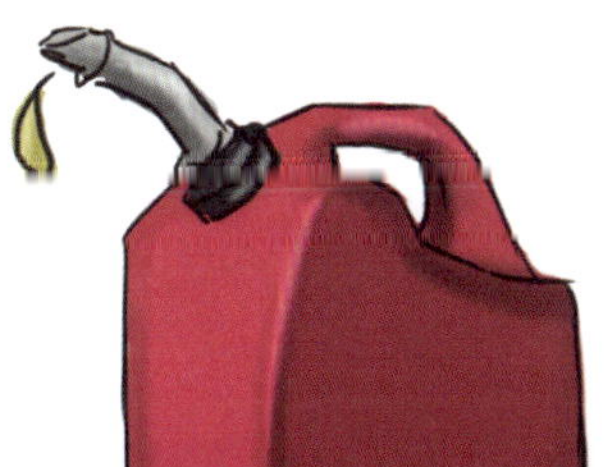

72 The James Bond Theme

Das „James Bond Theme“ ist eines der bekanntesten Filmmusik-Stücke.
Man kann es in jedem „James Bond“-Film hören.

Musik: Monty Norman
Arr.: R. P.

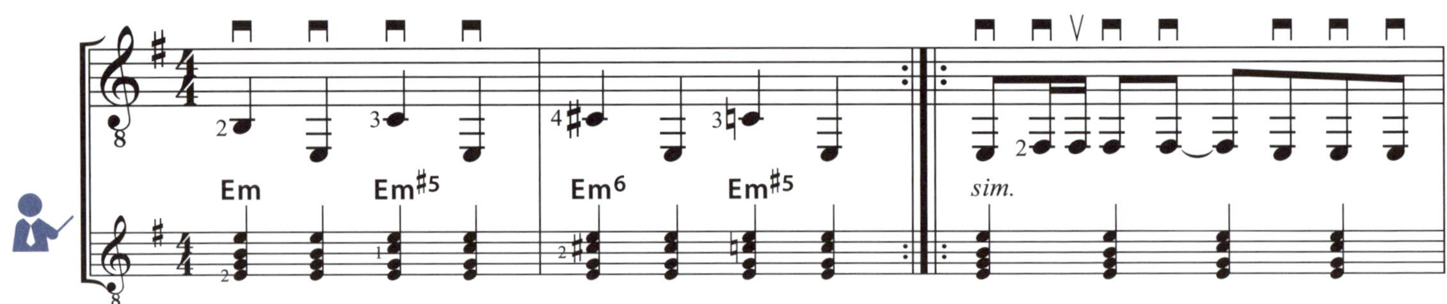

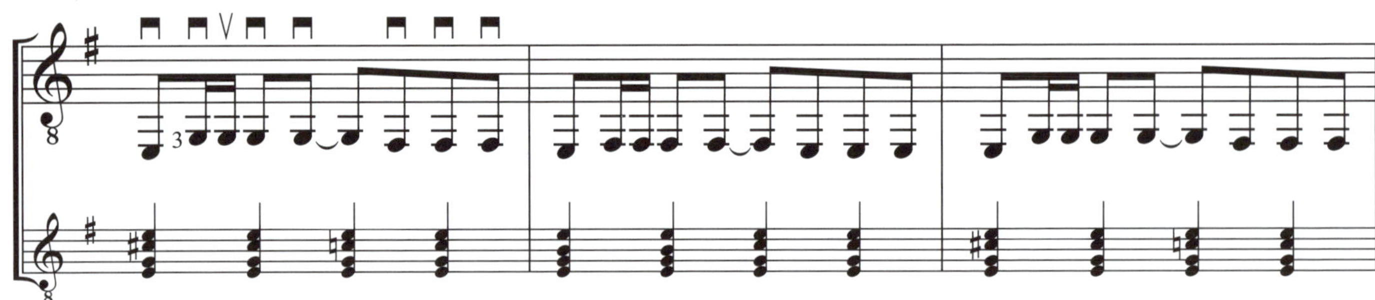

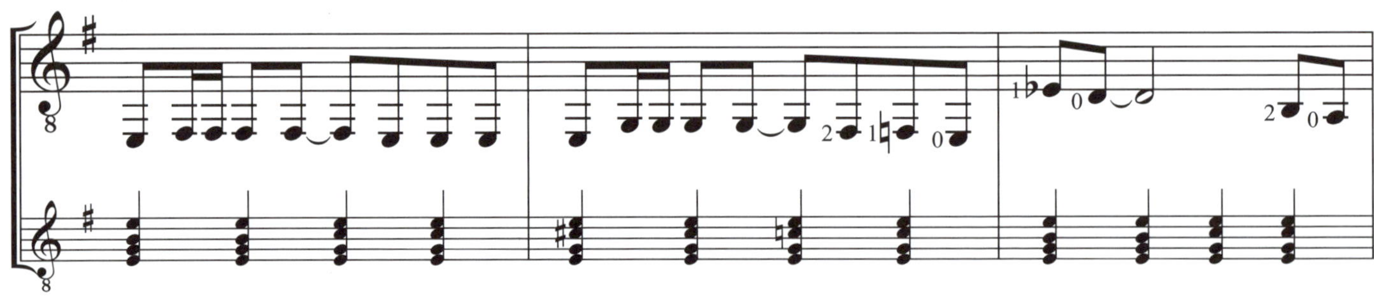

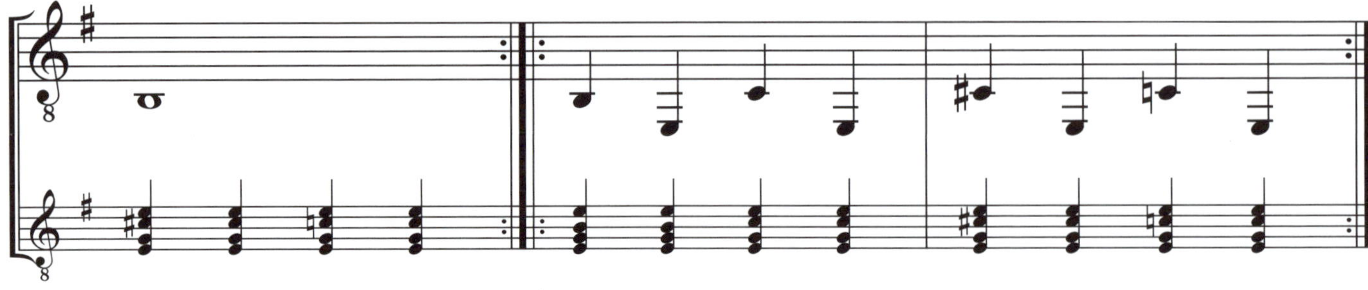

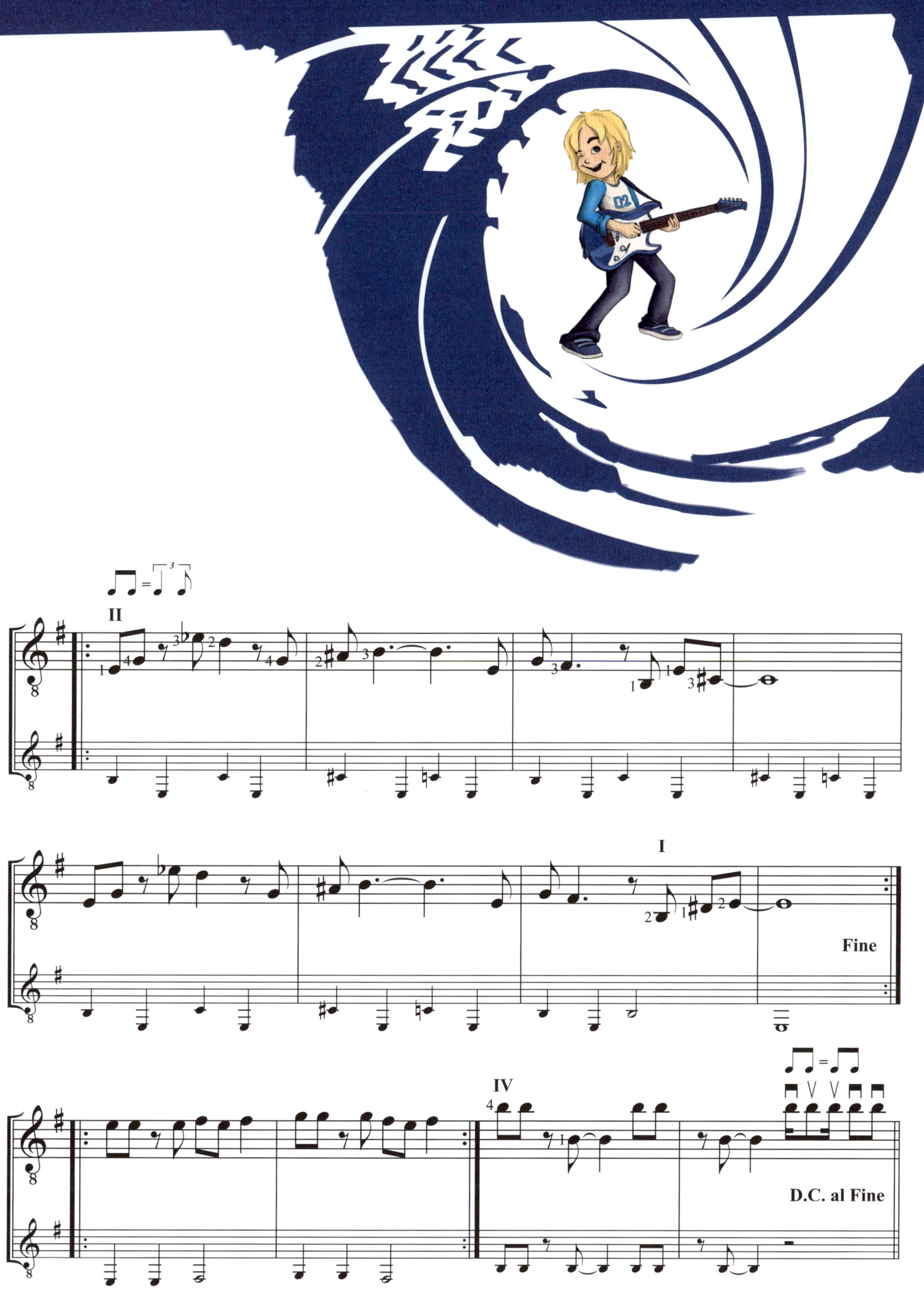
II
I
Fine
IV
D.C. al Fine

Jetzt lernst du ein Rock 'n' Roll-Riff.
Mit Ausnahme von Takt 9 (vierte Lage) spielst du alles in der zweiten (II) Lage.
Orientiere dich in der vierten (IV) Lage am Fingersatz.

73 Rock 'n' Roll Beat ▶ Play-along

R. P.

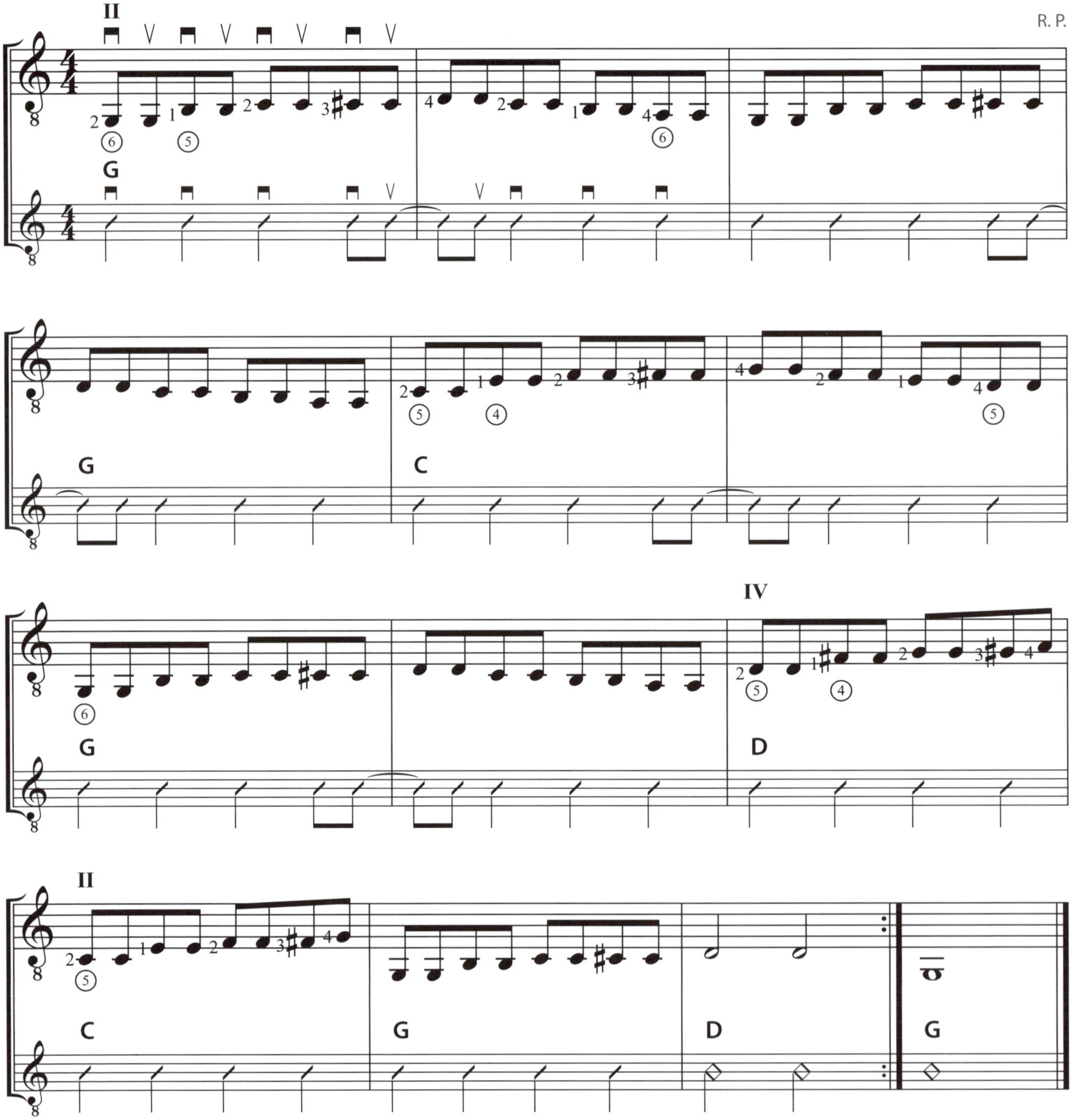

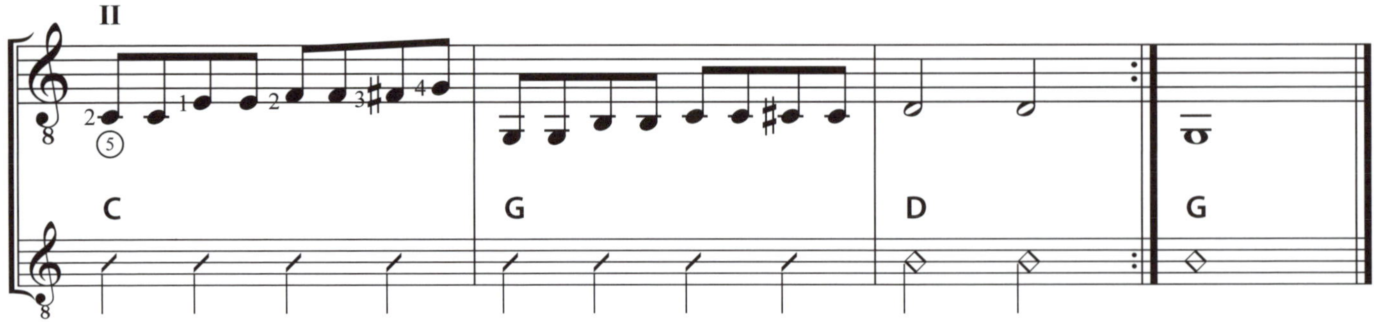

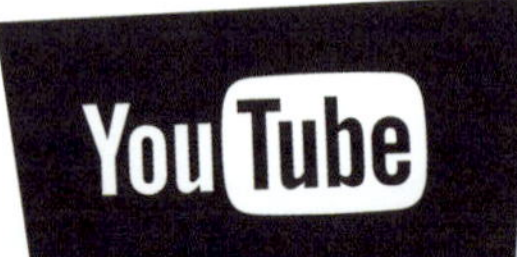

74 The Pink Panther Theme

Play-along

Swing!

Musik: Henry Mancini
Arr.: R. P.

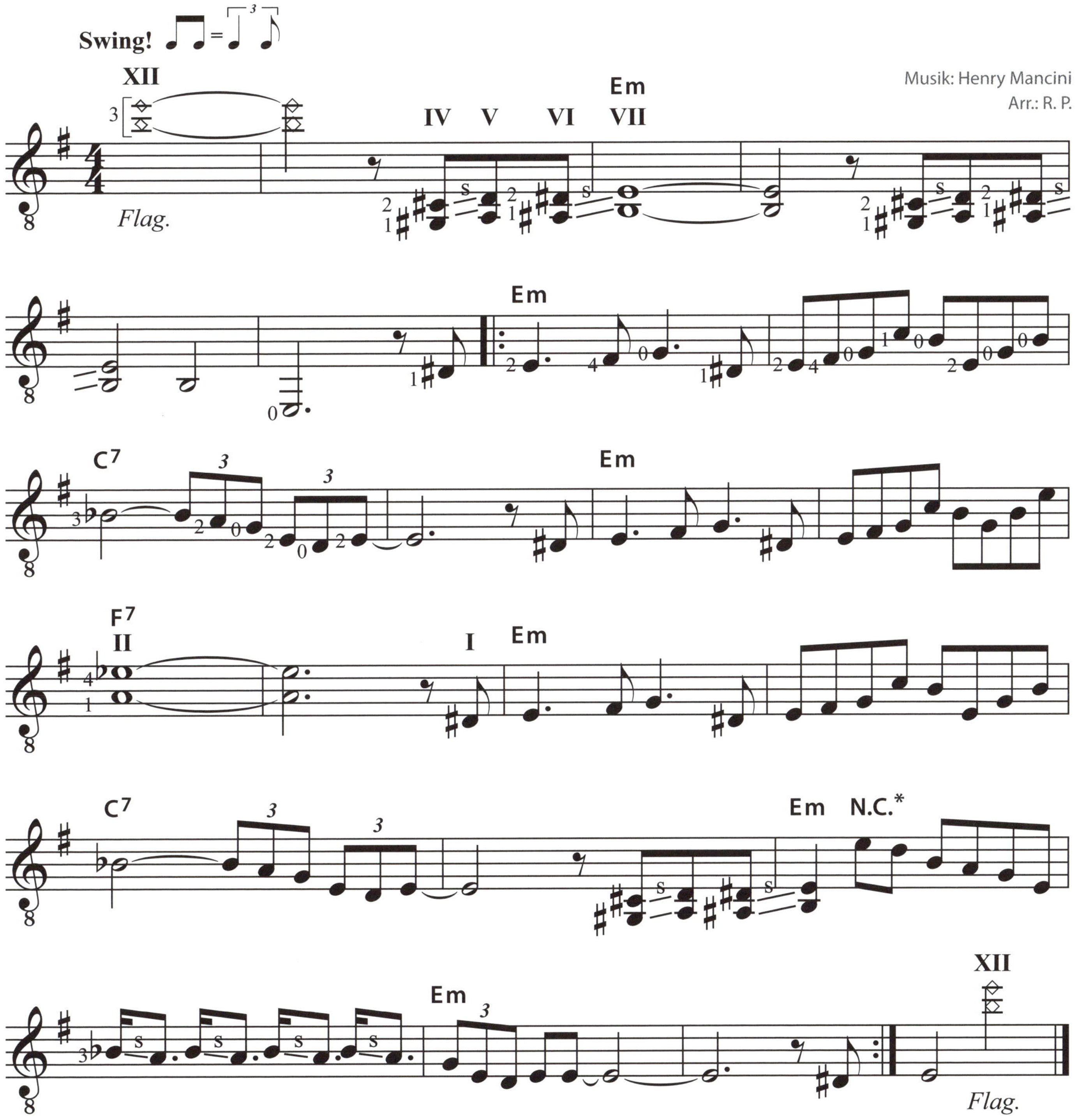

XII Em IV V VI VII Flag. Em C7 Em F7 II I Em C7 Em N.C.* Em XII Flag.

* N.C. bedeutet No Chords (keine Akkorde)

! *Flag.* (Takt 1) ist die Abkürzung für Flageolett und ist die Bezeichnung für Oberton. Die Obertöne enstehen, wenn du den 3. Finger ganz leicht auf den zwölften Bund auf der hohen e-Saite und auf der H-Saite aufsetzt (ohne fest zu greifen) und dann beide Saiten mit dem Plektrum anschlägst.

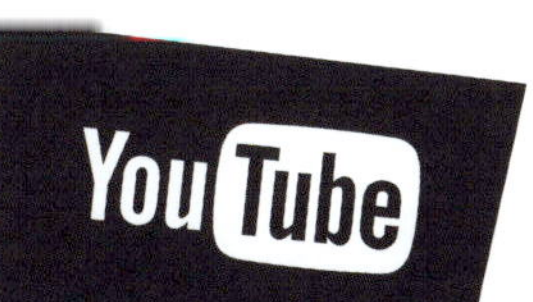

Alphabetisches Liederverzeichnis